ESOTERISCHES
WISSEN

Herausgeber dieser Reihe Michael Görden

SHAKTI GAWAIN

MEDITATIONEN IM LICHT

NEUE MEDITATIONEN UND ÜBUNGEN ZUR KREATIVEN VISUALISIERUNG

Deutsche Erstausgabe

WILHELM HEYNE VERLAG
MÜNCHEN

HEYNE ESOTERISCHES WISSEN
08/9610

Aus dem Amerikanischen übertragen
von Thomas Görden

Titel der Originalausgabe:
MEDITATIONS
erschienen bei New World Library, San Rafael, California

Copyright © 1991 by Shakti Gawain
Copyright © 1992 der deutschen Ausgabe by
Wilhelm Heyne Verlag GmbH & Co. KG, München
Printed in Germany 1992
Umschlaggestaltung: Atelier Adolf Bachmann, Reischach
Umschlagillustration: Fotoservice Silvestris, Kastl/Obb.
Satz: Kort Satz GmbH, München
Druck und Bindung: RMO, München

ISBN 3-453-05739-2

Inhalt

Vorwort

Dieses Buch kam auf eine ganz spezielle Weise zustande.
Im Laufe der Jahre wurden für die amerikanischen Leser
von Shakti Gawain mehrere Kassetten produziert, auf
denen Shakti eine Reihe von unterschiedlichen Medita-
tionstexten spricht. Mehrere Leute fragten uns, ob es Mitschriften dieser Tonbandaufnahmen gäbe*) — aus verschiedenen Gründen zogen sie das geschriebene Wort dem
gesprochenen vor. Bei der ersten dieser Gruppen handelte
es sich um ältere Menschen, die sich regelmäßig trafen; jedesmal übernahm abwechselnd einer von ihnen die Grup-
penleitung und las eine Meditation aus einem von Shaktis
Büchern vor. Sie hatten alle Meditationen aus den Büchern durchgearbeitet und baten jetzt um Niederschriften
der Tonbänder, damit sie sich auch weiterhin einander
Meditationen vorlesen konnten.

Das fanden wir rührend, und wir ließen Niederschriften
der Tonbänder anfertigen. Als wir sie lasen, stellten wir
fest, daß sie ebenso klar, einfach und einfühlsam wie Shaktis Bücher waren. Ihre Wirkung in schriftlicher Form war
so überzeugend, daß wir uns entschlossen, sie als Samm-
lung herauszugeben.

---

*) Auch aus Deutschland, wo keine deutschen Fassungen der Audiokassetten
erhältlich sind, kamen solche Anfragen (Anm. d. Hrg.).

Das Material in diesem Buch entstammt vier Meditationskassetten: Kontakt mit dem inneren Führer, Mann und Frau in uns, Das innere Kind kennenlernen, und Kreativer Selbstausdruck. Die Mitschriften der Tonbänder werden ergänzt durch eine von Shakti zu dem jeweiligen Thema verfaßte Einleitung.

Es gibt mehrere Möglichkeiten, wirkungsvoll mit diesem Buch zu arbeiten:

1. Setzen Sie sich zu zweit oder mit mehreren zusammen und bestimmen Sie jemanden zum Vorleser, der die anderen durch die Meditationen führt, so wie es unsere Freunde gemacht haben. Machen Sie an Stellen, wo eine Ellipse (drei oder vier Punkte...) eingefügt ist, eine kurze Pause.

2. Lesen Sie die ganze Meditation allein für sich durch, und praktizieren Sie sie dann auf Ihre Weise.

3. Lesen Sie einen Teil der Meditation durch, entspannen Sie sich und führen Sie ihn aus. Nehmen Sie sich dann den nächsten Teil vor, und so weiter.

4. Sprechen Sie die Meditationen auf Tonband und führen Sie sich auf diese Weise selbst durch die einzelnen Meditationen.

Für welche Art, mit den Meditationen zu arbeiten, Sie sich auch entscheiden — wir sind sicher, daß Sie in diesem Buch eine Menge Material finden, das erhebend, inspirierend und stärkend wirkt.

Genießen Sie es!

Marc Allen

Kontakt
zum inneren Führer
herstellen

In unserer westlichen Zivilisation führen die meisten von uns heutzutage ein sehr hektisches Leben. Wir tragen Verantwortung für vieles: für unsere Arbeit, unsere Familie, unsere Freundschaften, soziale, gesellschaftliche und politische Verantwortung. Selbst unsere Freizeitaktivitäten verbrauchen oft eine Menge von unserer Aufmerksamkeit und Energie. Wir nehmen sehr stark teil an dem, was um uns herum vorgeht. Für die meisten von uns ist es dringend erforderlich, ein Gegengewicht zu dieser Konzentration auf das Äußere zu schaffen, indem wir uns Zeit dafür nehmen, uns nach innen zu wenden. Wir müssen wieder in Berührung mit unserem Geist kommen, mit unserer inneren Quelle der Kreativität.

Ich glaube, daß jeder von uns in sich ein tiefes Gefühl für die Wahrheit trägt, eine lenkende Kraft, die uns erfolgreich durchs Leben führen kann. Wenn wir jedoch die meiste Zeit damit zubringen, nach draußen zu blicken und uns so intensiv mit der Außenwelt zu beschäftigen, verlieren wir den Kontakt zu diesem Geist, dieser kreativen Quelle in uns.

Hinzu kommt, daß die meisten von uns nicht dazu erzogen wurden, diesem inneren intuitiven Wissen zu vertrauen. Man hat uns beigebracht, äußeren Regeln zu folgen, den Vorstellungen anderer Leute über das, was richtig und falsch ist, und was wir am besten tun sollten. Das Resultat ist, daß wir den Kontakt zu unserem wirklichen Wesenskern verlieren.

Wir brauchen einige Zeit, um diese Verbindung zu unserem inneren Führer zu erneuern. Wir müssen erst wieder lernen, jenem Teil von uns Aufmerksamkeit zu schenken, der über wahres Wissen verfügt. Es ist hilfreich, wenn wir uns dafür regelmäßig etwas Zeit nehmen − selbst wenn es nur ein paar Minuten täglich oder sogar nur ein paar Minuten pro Woche sind. Wir brauchen diese Zeit, um zu lernen, wie wir Körper und Geist entspannen können, um jenen tieferen Bewußtseinszustand zu erreichen, der uns jederzeit zugänglich ist.

Dazu sind Übung, Geduld und Unterstützung erforderlich. Aber diese Art der Bewußtheit ist eigentlich etwas sehr Natürliches für uns. Daher werden wir es, während wir diese Gewohnheit kultivieren, immer leichter und leichter finden, uns nach innen zu wenden. Nach einer Weile werden wir anfangen, uns nach diesem inneren Kontakt zu sehnen. Wenn wir zuviel Zeit damit zubringen, nach draußen zu blicken, wird etwas in uns unsere Aufmerksamkeit wieder nach innen lenken und fordern, daß wir den Kontakt zu unserem tieferen Selbst herstellen.

Meditation:
Das innere Heiligtum entdecken

Diese Visualisierungs-Meditation wird Ihnen dabei helfen, die nach innen gerichtete Aufmerksamkeit einzuüben, einen Ort der Erholung und des Friedens zu finden und Verbindung mit Ihrer inneren Weisheit aufzunehmen. Ehe wir beginnen, möchte ich Sie daran erinnern, daß Sie jede Visualisierungs-Meditation stets so durchführen sollten, wie es für Sie am leichtesten und natürlichsten ist. Machen Sie sich keine Sorgen, wenn Sie beim Meditieren kein visuelles Bild sehen. Manche Menschen sind visuell orientiert; andere sind stärker hör- oder gefühlsorientiert. Wenn Sie also nur einen Gefühlseindruck erhalten oder sogar nur über die Meditation nachdenken, macht das überhaupt nichts. Tun Sie, was Sie für sich als natürlich empfinden und was Ihnen leichtfällt. Akzeptieren Sie es, genießen Sie es, und entspannen Sie sich. Auch wenn sich die Eindrükke, die Sie erhalten, von dem unterscheiden, was ich Ihnen suggeriere, sollten Sie Ihrer eigenen Erfahrung vertrauen. Tun Sie stets das, was sich für Sie gut anfühlt.

Wenn Sie mit der Meditation beginnen wollen, nehmen Sie eine bequeme Sitzhaltung ein, oder legen Sie sich hin. Wenn Sie im Sitzen meditieren, ist es gut, wenn Sie mit aufrechtem Rücken gut abgestützt auf einem bequemen Stuhl sitzen, mit den Füßen flach auf dem Boden und den Händen in entspannter Haltung. Wenn Sie eine liegende Stellung vorziehen, legen Sie sich in einer bequemen, entspannten Haltung flach auf den Rücken.

Schließen Sie, wenn Sie es sich bequem gemacht haben, die Augen, und werden Sie sich Ihres Körpers bewußt; achten Sie einfach darauf, wie Ihr Körper sich jetzt in diesem Moment anfühlt. ... Wenn Sie merken, daß bestimmte Stellen Ihres Körpers angespannt sind, atmen Sie sanft in diese Stellen hinein. Stellen Sie sich vor, daß sie sich entspannen und alle überflüssige Spannung sich auflöst und verschwindet.

Richten Sie Ihre Aufmerksamkeit als erstes auf Ihre Füße und stellen Sie sich vor, wie Ihre Füße sich entspannen. ...

Richten Sie Ihre Aufmerksamkeit als nächstes auf Ihre Knöchel und Waden, und entspannen Sie sie sanft. ...

Richten Sie Ihre Aufmerksamkeit jetzt auf Ihre Oberschenkel und Hüften. Entspannen Sie den oberen Teil Ihrer Beine und den ganzen Beckenbereich. ... Atmen Sie sanft in Ihren Unterleib und spüren Sie, wie er sich ganz entspannt. ...

Richten Sie Ihre Aufmerksamkeit jetzt auf Ihren Bauch, den Bereich Ihrer inneren Organe, und stellen Sie sich vor, wie sich alle Ihre Organe entspannen und unbeschwert, angenehm, gesund und reibungslos funktionieren. ...

Entspannen Sie Ihre Brust, und entspannen Sie Ihre Schultern, Ihre Arme, Ihre Hände und Ihre Finger. ...

Richten Sie Ihre Aufmerksamkeit auf Ihren Nacken und Hals, und stellen Sie sich vor, wie dieser Teil Ihres Körpers sich vollständig entspannt. Wenn Sie Spannungen in diesem Bereich verspüren, stellen Sie sich vor, daß diese Spannungen durch Ihre Arme hinab und dann aus den Fingern heraus in den Boden und die Erde fließen. ...

Entspannen Sie nun Ihren Kopf, Ihr Gesicht ... entspannen Sie Ihre Kopfhaut ... entspannen Sie Ihre Ohren und Ihre Augenlider. Entspannen Sie Ihren Kiefer. ...

Lassen Sie Ihre Aufmerksamkeit durch Ihren ganzen Körper wandern, vom Kopf zu den Zehen, und von den Zehen zum Kopf, und spüren Sie, daß Ihr ganzer Körper tief entspannt ist. ... Stellen Sie sich vor zu spüren, wie die Lebensenergie ungehindert und frei durch Ihren ganzen Körper strömt. Wenn sich irgendein Bereich noch hart oder verspannt anfühlt, lockern Sie ihn sanft und spüren Sie, wie die Energie ihn durchströmt. ...

Atmen Sie tief durch, und lösen Sie mit dem Ausatmen alle noch verbliebenen Spannungen in Ihrem Körper. Spüren Sie, wie sich Ihr Körper vollständig entspannt. ...

Atmen Sie erneut tief durch und entspannen Sie mit dem Ausatmen Ihr Bewußtsein. Tun Sie so, als sei Ihr Bewußtsein einfach ein weiterer Muskel in Ihrem Körper, den Sie nun entspannen können. Sie können alle Gedanken einfach loslassen. Sie können sich von allem lösen und Ihr Bewußtsein sehr ruhig und still werden lassen, sogar ein wenig unscharf. ...

Nehmen Sie einen weiteren tiefen Atemzug, und lassen Sie Ihre Aufmerksamkeit mit dem Ausatmen zu einem Ort wandern, der sich sehr tief in Ihnen befindet. ...

Stellen Sie sich jetzt vor, daß Sie in einer sehr schönen, natürlichen Umgebung einen Pfad entlangwandern. Sehen Sie diese Umgebung entweder bildlich vor sich, oder spüren Sie sie, oder tun Sie ganz einfach so, als ob sie da ist. Während Sie den Pfad entlanggehen, nehmen Sie die Schönheit der Sie umgebenden Natur in sich auf ... und Sie spüren, wie Ihr Bewußtsein sich immer mehr entspannt. ...

Stellen Sie sich vor, daß Sie zu einer Lichtung kommen oder einem anderen sehr schönen Ort. Schauen Sie sich um, oder erspüren Sie, was für ein Ort das ist. Es ist ein ganz besonderer, magischer Ort. Achten Sie darauf, was Sie dort wahrnehmen. Gibt es dort Bäume? Andere Pflanzen? Liegt der Ort am Meer oder an einem Fluß? Befinden Sie sich auf einem Berg, in offenem Gelände oder in einem Garten? Lassen Sie sich von Ihrer Phantasie zeigen, wie dieser Ort aussieht. ... Er ist sehr friedlich und schön, und auch sehr privat und sicher. Er ist Ihr eigenes, persönliches inneres Heiligtum, das Sie in Ihrem Innern für sich erschaffen. Niemand kann hier unerwünscht eindringen. Es ist Ihr eigener, ganz privater Ort.

Spüren Sie, wie warm oder kühl es dort ist. ... Ist es sonnig oder schattig, oder eine Kombination von beidem? Wie fühlt sich die Luft an, und wie riecht sie? Was hören Sie dort in Ihrem inneren Heiligtum? Hören Sie Vögel oder Insekten oder das Rauschen des Windes in den Bäumen oder den Ozean? Oder ist es einfach nur sehr still? Gibt es in Ihrer Nähe Blumen oder Tiere? Akzeptieren Sie alles, was Ihnen in den Sinn kommt und sich richtig und gut anfühlt. ...

Stellen Sie sich vor, daß Sie in Ihrem inneren Heiligtum umherwandern, es kennenlernen und sich mit ihm vertraut machen. ... Finden Sie eine Stelle in Ihrem Heiligtum, wo Sie sich gerne hinsetzen oder hinlegen möchten, und machen Sie es sich dort bequem. ... Spüren Sie die Schönheit und die nährende Qualität der Natur ringsum. Lassen Sie es geschehen, daß Sie sich öffnen, um diese Schönheit und nährende Kraft zu empfangen. Stellen Sie sich vor, daß Sie wie ein Schwamm sind, der sich einfach mit der Liebe und der Schönheit von Mutter Natur vollsaugt. ...

Lenken Sie Ihre Aufmerksamkeit jetzt zu einem tiefen, stillen Ort in Ihnen ... stellen Sie sich vor, daß Sie tiefer und tiefer nach innen gehen, bis Sie zu einem inneren Ort der Ruhe und des Friedens kommen, wo alle Sorgen der Welt sehr weit weg zu sein scheinen. Nehmen Sie sich einen Moment dafür Zeit, einfach nur an diesem friedvollen Ort zu sein, wo Sie absolut nichts tun, wo Sie noch nicht einmal denken müssen, sondern in einem Zustand stillen Seins sind. ...

An diesem stillen Ort der Erholung tief in Ihnen sind Sie in Kontakt mit Ihrer tiefsten Weisheit, Ihrem natürlichen inneren Wissen, dem Teil von Ihnen, der sehr weise ist, über alles jemals erforderliche Wissen verfügt und in der Lage ist, Ihnen in jedem Augenblick Ihres Lebens Führung zuteil werden zu lassen. Falls Sie diese innere Weisheit nicht spüren oder nicht so recht an sie glauben, dann tun Sie einfach so als ob. Stellen Sie sich lebhaft vor, daß sie da ist.

Denn ob Sie sie spüren und an Sie glauben, oder nicht — diese Weisheit ist stets in Ihnen gegenwärtig. …

Wenn Sie Fragen an Ihren inneren Führer haben, fragen Sie. … Seien Sie einfach offen dafür, zu erspüren oder zu fühlen, was dieser weiseste Teil von Ihnen zu Ihrer Frage zu sagen hat. Vielleicht erhalten Sie Worte als Antwort. Vielleicht kommt die Antwort in Bildern, oder einfach als ein Gefühl. Akzeptieren Sie, was kommt, und lassen Sie es in Ihr Bewußtsein dringen. … Wenn Sie das Gefühl haben, keine Antwort zu erhalten, so ist auch das in Ordnung; vielleicht kommt die Antwort später; sie kommt nicht immer sofort, wenn man fragt. Akzeptieren Sie einfach, was Sie in diesem Augenblick erleben. …

Wenn Sie noch mehr Fragen an Ihren inneren Führer haben, stellen Sie sie. Sie können um Hilfe bitten, um Unterstützung, um Führung, um Liebe, um Klarheit — bitten Sie einfach um alles, was Sie begehren oder brauchen. … Sobald Sie diese Bitten äußern, wird sich die innere Tür öffnen, und Sie werden empfangen, was Ihr Herz wirklich begehrt. Gehen Sie also einfach davon aus, daß Ihnen das, um was Sie bitten, zuteil werden wird. Vielleicht geschieht das auf eine andere Weise, als Sie erwartet hatten, aber Ihre Bitte wird erfüllt werden. …

Wenn Sie sich dazu bereit fühlen, vergegenwärtigen Sie sich noch einmal, daß Sie diesen wunderschönen Ort aufsuchen können, wann immer Sie wünschen. Er existiert ständig in Ihnen. Sie brauchen sich nur zu entspannen, die Augen zu schließen, ein paarmal tief durchatmen und sich dorthin versetzen. Sie können diesen Ort jederzeit aufsuchen. Es wird immer ein Ort sein, wo Sie sich entspannen und in Kontakt mit Ihrer tiefen, inneren Weisheit treten können. ...

Verabschieden Sie sich nun für dieses Mal von Ihrem Heiligtum, und wandern Sie den Pfad wieder hinauf. ... Werden Sie sich, während Sie den Pfad hinaufgehen, Ihres Körpers im Zimmer bewußt. Spüren Sie das Zimmer, in dem Sie sich aufhalten. ... Wenn Sie spüren, daß Sie dazu bereit sind, öffnen Sie ganz behutsam die Augen und kehren Sie entspannt, energetisiert und mit einem tiefen Gefühl innerer Ausgeglichenheit zurück.

Meditation:
Kontakt mit dem Weisen in uns aufnehmen

Es gibt viele Möglichkeiten, wie wir lernen können, unsere innere Weisheit anzuzapfen. Die vorangegangene Meditation ist einer der leichtesten und einfachsten Wege, sich nach innen zu wenden und diese innere Weisheit, dieses innere Wissen zu entdecken.

Eine andere Möglichkeit, Ihre innere Weisheit anzuzapfen, besteht darin, Kontakt mit dem weisen Geschöpf aufzunehmen, das Ihr Ratgeber ist, Ihr Geistführer, Ihr Helfer, Ihr Schutzengel, oder was immer Sie wollen. Für manche Menschen ist diese Methode die einfachste. Viele haben aber auch daran Freude, beide Meditationen durchzuführen, jeweils an verschiedenen Tagen.

Mit Hilfe dieser Meditation stellen Sie den Kontakt zu dem weisen Geschöpf her, das Teil von Ihnen ist. Um das zu tun, müssen Sie in Ihr Heiligtum zurückkehren. Und vergessen Sie nicht, wie immer Ihre Erfahrung aussehen mag, es ist in jedem Fall Ihre ganz persönliche Art, diese Übung auszuführen, egal, ob Sie etwas sehen oder fühlen, oder ob Sie einfach nur darüber nachdenken. Gehen Sie so vor, wie es Ihnen am leichtesten fällt, und vertrauen Sie Ihrer eigenen Erfahrung, solange Sie ein gutes Gefühl dabei haben.

Setzen oder legen Sie sich bequem hin. Achten Sie darauf, daß Ihre Wirbelsäule gerade ist. Nehmen Sie eine Haltung ein, in der Ihr Körper sich tief entspannen kann. …

Atmen Sie tief durch. Beginnen Sie beim Ausatmen Ihren Körper zu entspannen. Schließen Sie die Augen. … Atmen Sie wieder tief durch, und beim Ausatmen entspannen Sie Ihren Körper noch etwas mehr. … Atmen Sie wieder tief durch. Stellen Sie sich beim Ausatmen vor, daß Sie Ihren Körper so vollständig entspannen, wie es Ihnen möglich ist. … Wenn es irgendwelche Stellen in Ihrem Körper gibt, die sich noch hart oder verspannt anfühlen, lenken Sie Ihre Aufmerksamkeit auf diese Stellen, atmen Sie in sie hinein. Stellen Sie sich beim Ausatmen vor, daß die Anspannung oder die überschüssige Energie sich löst und abfließt, so daß sich Ihr ganzer Körper völlig entspannt anfühlt. …

Stellen Sie sich vor, daß die Lebenskraft, die Lebensenergie frei und ungehindert durch Ihren ganzen Körper strömt. Spüren Sie, wie sie jede Zelle Ihres Körpers nährt, das Alte, das Sie nicht länger brauchen, auflöst und es durch neue, vitale Energie und Lebendigkeit ersetzt. …

Atmen Sie jetzt erneut tief durch, und entspannen Sie mit dem Ausatmen Ihr Bewußtsein. … Lassen Sie alle Probleme, Sorgen und Belastungen, die Sie gegenwärtig beschäftigen, einfach los — für eine Weile. Sie können sich diesen Dingen wieder zuwenden, wenn es notwendig ist. Doch lösen Sie sich für die nächsten paar Minuten ganz von ihnen. ... Lassen Sie Ihr Denken ruhig und langsam werden. ... Wenn Ihnen Gedanken durch den Kopf gehen, was unvermeidlich ist, nehmen Sie sie einfach zur Kenntnis, und lassen Sie sie dann los. Konzentrieren Sie sich nicht auf die Gedanken. Lassen Sie jeden Gedanken los, sobald Sie ihn bemerken. ...

Stellen Sie sich vor, daß Ihr Bewußtsein sehr friedlich und ruhig wird, wie ein stiller See oder Teich, so friedlich, daß auf der Oberfläche noch nicht einmal ein Kräuseln zu sehen ist. ...

Atmen Sie erneut tief durch, und stellen Sie sich mit dem Ausatmen vor, daß Ihre Aufmerksamkeit zu einem Ort sehr tief in Ihnen wandert. ... Stellen Sie sich dann wieder vor, daß Sie auf dem schönen Pfad durch die Natur wandern und spüren Sie den Frieden und die Schönheit der Natur ringsum. ... Während Sie so wandern, fühlen Sie sich allmählich immer entspannter und offener ... und wieder kommen Sie in Ihr inneres Heiligtum, das eine Wiese sein kann, ein Berggipfel, eine Stelle im Wald, eine Höhle oder ein Strand − wo immer Sie gern sein möchten. ...
  Vielleicht ist es wieder der gleiche Ort, es kann aber auch ein anderer sein. Gestalten Sie ihn so, wie es Ihnen gefällt. Aber tun Sie dies in dem Bewußtsein, daß es sich um einen sehr friedvollen, schönen und sicheren Ort handelt. Es ist ein sehr privater Ort. Er gehört Ihnen. Niemand kann hierher kommen, wenn Sie es nicht erlauben.

Nehmen Sie sich ein paar Augenblicke Zeit, einfach nur hier zu sein und sich umzuschauen. Werden Sie sich Ihres Heiligtums bewußt, und spüren Sie, wie es ist, dort zu sein. … Gehen Sie umher, spüren Sie die Luft, nehmen Sie die anderen Geschöpfe wahr, die Pflanzen und Tiere. …

Und finden Sie dann eine Stelle in Ihrem Heiligtum, an der Sie sich besonders behaglich und zu Hause fühlen. Wenn Sie wollen, können Sie sich dort hinsetzen. …

Schauen Sie jetzt zurück zum Eingang Ihres Heiligtums. Stellen Sie sich vor, daß Sie die Gegenwart eines sehr weisen Geschöpfes spüren, das gleich eintreten wird. Dieses weise Geschöpf kann ein Mann oder eine Frau sein, ein Kind oder ein Tier. Oder es handelt sich um eine Farbe oder eine ätherische Erscheinung. …

Stellen Sie sich vor oder spüren Sie, wie dieses weise Geschöpf Ihr Heiligtum betritt und sich auf Sie zubewegt. … Sehen oder spüren Sie, wie alt oder wie jung, wie groß oder wie klein es ist … wie dieses weise Geschöpf sich bewegt, oder wie er oder sie gekleidet ist, falls es sich um eine Person handelt. … Vor allem, spüren Sie die Energie dieses weisen Geschöpfes, während es sich Ihnen nähert. …

Begrüßen Sie das Geschöpf auf eine Weise, die Ihnen angemessen erscheint. … Vertrauen Sie Ihren Gefühlen. Erlauben Sie es dem weisen Geschöpf, Sie zu begrüßen und den Kontakt zu Ihnen herzustellen. Sie können den Kontakt durch Worte herstellen oder energetisch, telepathisch, durch Berührung, oder auf eine andere Weise, die sich intuitiv richtig anfühlt. Seien Sie sich bewußt, daß dieses weise Geschöpf gekommen ist, um Ihnen zu dienen und Ihnen auf jede erdenkliche Weise zu helfen. …

Das weise Geschöpf hat vielleicht eine Botschaft für Sie. Fragen Sie es also jetzt, ob es Ihnen etwas zu sagen oder auf eine andere Weise mitzuteilen hat. Und seien Sie dann offen, die Botschaft zu hören oder zu fühlen. … Wenn Sie etwas Bestimmtes brauchen, bitten Sie darum. Ganz gleich, ob es sich um einige weise Worte oder um liebevolle Unterstützung handelt – was es auch sein mag, bitten Sie einfach darum. … Und seien Sie offen für die Antwort, die Ihnen dieses weise Geschöpf gibt. …

Gestalten Sie die Zeit mit dem weisen Geschöpf so, wie es sich für Sie gut anfühlt. … Vielleicht möchten Sie schweigen, oder sich mit ihm unterhalten. … Erlauben Sie es sich, sich ganz auf diese Erfahrung einzulassen und sich an ihr zu erfreuen. Und wenn Sie spüren, daß der richtige Zeitpunkt dafür gekommen ist, beenden Sie den Kontakt auf eine Weise, die Ihnen angemessen erscheint. …

Wenn Sie möchten, daß das weise Geschöpf bei Ihnen im Heiligtum bleibt, können Sie das veranlassen. Wenn Sie das Gefühl haben, daß das weise Geschöpf das Heiligtum verlassen sollte, wenn Sie die Erfahrung für dieses Mal beenden wollen, verabschieden Sie sich von dem Geschöpf und stellen Sie sich vor, wie es den Pfad hinaufgeht und das Heiligtum verläßt. … Aber seien Sie sich bewußt, daß Sie dieses Heiligtum jederzeit aufsuchen können. Sie können Ihr weises Geschöpf jederzeit bitten, herzukommen und bei Ihnen zu sein. Und Sie können es alles fragen, was Sie wissen wollen, und es jederzeit um die Hilfe, Führung und Liebe bitten, die Sie benötigen. …

Schauen Sie sich jetzt noch einmal in Ihrem Heiligtum um. … Denken Sie daran, daß Sie diesen Ort jederzeit aufsuchen können, indem Sie die Augen schließen, ein paarmal tief durchatmen und sich wünschen, dort zu sein. …

Wenn Sie nach dieser Meditation schlafen möchten, tun Sie das und lassen Sie sich in den Schlaf hinübergleiten. …

Wenn Sie die Meditation beenden wollen, verabschieden Sie sich einstweilen von Ihrem Heiligtum und gehen Sie wieder den Pfad hinauf. Spüren Sie, wie Sie immer lebendiger, energiegeladener und gelassener werden. …

Werden Sie sich Ihres Körpers bewußt, so wie er sich jetzt in diesem Moment anfühlt, und werden Sie sich des Raumes bewußt, in dem Sie sich aufhalten. ... Wenn Sie sich dazu bereit fühlen, öffnen Sie ganz langsam die Augen und kehren Sie in die Außenwelt zurück. ...

Wenn Sie diese Erfahrung weiter ausdehnen möchten, entspannen Sie sich einfach weiter, und setzen Sie die Meditation fort, so lange Sie wünschen.

Der Mann
und
die Frau in uns

Jeder von uns, ob Mann oder Frau, trägt in sich männliche und weibliche Aspekte, innere männliche und weibliche Energien. Ich glaube, daß eine der wichtigsten Herausforderungen im Leben für uns darin besteht, sowohl unsere männlichen als auch unsere weiblichen Aspekte zu erkennen und zu entwickeln und diese Energien ins Gleichgewicht zu bringen.

Die Vorstellung von den männlichen und weiblichen Energien gibt es schon seit langer Zeit. In den östlichen Philosophien wurde immer schon von den Yin- und Yang-Aspekten des Universums gesprochen. Nicht nur wir tragen yin und yang in uns; alles im Universum besteht aus yin und yang, den beiden polarisierten Energien: dem Aktiven und dem Rezeptiven, dem Positiven und dem Negativen, dem Licht und der Dunkelheit, dem Maskulinen und dem Femininen.

Im Westen leistete Carl Jung mit seinem Konzept von Animus und Anima aufregende Pionierarbeit. Er legte dar, daß Männer eine weibliche Seite, die Anima, und Frauen eine männliche Seite, den Animus, besitzen, und daß die meisten von uns diese Aspekte unserer Person stark unterdrückt haben, und wir mit ihnen ins reine kommen müssen.

Ich habe festgestellt, daß es manchen Menschen anfangs widerstrebt, die Worte männlich und weiblich für Aspekte ihrer Person zu benutzen, weil wir in unserer Kultur so viele vorgefaßte Meinungen über die Bedeutung dieser Begriffe haben. Es gibt hier eine große Menge sehr emotionsgeladene Assoziationen. Wenn Ihnen diese Worte Unbehagen verursachen, können Sie sie ruhig durch yin und yang, aktiv und rezeptiv oder ein anderes Wortpaar, das Ihnen zusagt, ersetzen.

Ich betrachte das Männliche und Weibliche auf eine besondere Weise: Ich sehe den femininen oder weiblichen Aspekt in uns, und zwar bei Männern ebenso wie bei Frauen, als unseren intuitiven Teil. Er ist die tiefste und weiseste führende Kraft in uns, die rezeptive Tür in uns, durch die die höhere Macht des Universums Zugang hat. Durch das Weibliche in uns empfangen wir die kreative Kraft des Universums. Stellen Sie es sich gewissermaßen als das empfangende Ende des Kanals vor.

Der männliche Aspekt ist Aktion. Er ist unsere Fähigkeit, in physischer Form in der physischen Welt zu handeln. Er ist unsere Fähigkeit, etwas zu tun, zu sprechen, uns zu bewegen. Die Energie kommt durch die empfangsbereite feminine Tür herein und wird dann durch den maskulinen Teil in Aktivität umgesetzt.

Durch die Zusammenarbeit dieser beiden inneren Kräfte, des Männlichen und des Weiblichen, entsteht der kreative Prozeß. Wenn wir die Energie empfangen und dieser Energie durch unseren inneren Mann in der Welt Ausdruck verleihen, erschaffen wir etwas. Zum Beispiel erwacht vielleicht ein Maler mit einer inspirierten Idee für ein Gemälde, ein Bild, das ihm von seiner inneren Frau übermittelt wurde, und macht sich daraufhin sogleich mit dem Pinsel an die Arbeit, eine Handlung, die von seinem inneren Mann ausgeführt wird. Oder eine Mutter empfindet ganz plötzlich Angst um ihr Kind, eine Warnung, die vom weiblichen Element in ihr kommt, und rennt ins Nebenzimmer, um ihr Kind vom heißen Ofen wegzuziehen, eine Handlung, die vom männlichen Teil in ihr ausgeführt wird. Ein weiteres Beispiel wäre ein/e Geschäftsmann/frau, der oder die einen Impuls verspürt, einen bestimmten Geschäftspartner anzurufen, was ein Hinweis ihrer inneren Frau wäre. Das führt dazu, daß er einen Anruf macht und einen neuen Geschäftsabschluß tätigt, eine Handlung ihres oder seines inneren Mannes.

Ein Beispiel dafür aus meinem eigenen Leben: Wenn ich den Wunsch habe zu schreiben, kommt der erste Impuls dazu von der höheren Kraft des Universums und erreicht mich durch meinen weiblichen Teil, mein intuitives Gefühl in Form einer inneren Eingebung: »Heh, ich möchte etwas schreiben. Da ist etwas, das ich gerne sagen möchte.« Dann wird die Sache von meinem maskulinen Selbst ausgeführt; ich hole mir ein Blatt Papier, setze mich hin und schreibe etwas. Und so wird durch die Verbindung des Männlichen und Weiblichen in mir etwas erschaffen, indem das Weibliche die Kreativität in Gang setzt, und das Männliche sie weiterführt.

Um es einfach auszudrücken: Die Frau in uns sagt: »Ich habe dieses oder jenes Gefühl.« Der Mann in uns sagt: »Ich verstehe – was soll ich also tun?« Sie sagt: »Ich möchte, daß du das und das tust.« Er sagt: »Das möchtest du? Okay, toll. Ich erledige es für dich.« Diese Vereinigung der femininen und maskulinen Energien innerhalb jedes Menschen ist die Basis aller kreativen Schöpfungen. Weibliche Intuition plus männliche Aktion ergibt Kreativität.

Damit wir harmonisch und kreativ leben können, müssen beide Energien in uns voll und ganz funktionieren und zusammenarbeiten. Es ist notwendig, daß wir der weiblichen Energie die Führung überlassen. Uns zu führen, ist ihre natürliche Aufgabe. Die weibliche Energie ist auf die höhere Intelligenz des Universums eingestimmt. Und natürlich wollen wir von dieser höchsten Intelligenz geführt werden. Die Funktion der männlichen Energie besteht darin, auf diese intelligente Führung zu hören, und dieses innere Wissen dann draußen in der Welt umzusetzen. Die wahre Funktion der männlichen Energie ist Klarheit, Geradlinigkeit und eine leidenschaftliche Stärke, die auf dem fußt, was das Universum uns durch unseren weiblichen Teil sagt.

Es ist wichtig, sich immer zu vergegenwärtigen, daß ich von einem inneren Prozeß spreche. Meine Zuhörer und Leser geraten manchmal in Aufregung oder Verwirrung, weil sie das, was ich sage, ausschließlich auf die äußeren Verhältnisse übertragen. Sie glauben, ich wollte, daß die Frauen den Männern sagen sollen, was sie zu tun haben, und daß die Männer sich von den Frauen führen lassen und alles für sie tun sollen. Doch das sage ich nicht – ich sage, daß in jedem Menschen – ob Mann oder Frau – der weibliche Aspekt unseres Seins, der die innere Führung ist, die treibende Kraft sein muß, und daß der männliche Aspekt jene Energie ist, die unser inneres Wissen in äußeres Handeln umsetzt.

Die Vorstellung vom Männlichen und Weiblichen ist einfach nur eine andere Art auszudrücken, daß wir auf unsere eigene Wahrheit, unser eigenes Wissen hören und danach handeln sollen.

Wenn wir die Vorstellung von den männlichen und weiblichen Energien nach außen projizieren, entsteht Verwirrung. Viele der stereotypen Vorstellungen von den männlichen und weiblichen Energien beziehen sich in Wirklichkeit auf innere Vorgänge. Doch wir haben versucht, sie auf die Außenwelt anzuwenden, indem wir sagen, daß Frauen sich so und Männer sich so verhalten müßten. Und dadurch begrenzen wir uns selbst: Frauen setzen nur die weibliche Energie um, und Männer nur die männliche Energie. Wir brauchen aber beides. Innerlich ist jeder Mensch ein vollständiges männlich/weibliches Geschöpf.

Manchmal bekommen die Leute Angst, wenn sie von dieser Vorstellung hören. Sie fürchten, daß wir so schließlich alle gleich werden würden; daß wir alle androgyn werden, wenn wir uns zu vollständig männlich/weiblichen Wesen entwickeln.

Doch meine Erfahrungen sehen anders aus. Ich habe festgestellt, daß eine Frau, die sich von ihrer männlichen Energie innerlich unterstützen läßt und ihr vertraut, sich sicherer fühlt, femininer zu werden. Sie wird offener, weicher, emotionaler, rezeptiver, weil sie weiß, daß ihre maskuline Stärke sie unterstützt und für sie sorgt.

Und ebenso werden Männer, die es zulassen, die Kraft der weiblichen Energie in ihnen zu spüren, dadurch in ihrer Männlichkeit gestärkt. Sie fühlen sich stärker, sie fühlen sich mächtiger.

Anstatt daß wir androgyner und ähnlicher werden, wird unsere Männlichkeit oder Weiblichkeit gesteigert, so daß wir das äußere Spiel so spielen können, wie wir wollen, ohne uns selbst zu begrenzen, indem wir in einer Hälfte unseres Wesens steckenbleiben.

Die meisten von uns haben noch nicht gelernt, wie man die eigenen männlichen und weiblichen Energien auf natürliche Weise im richtigen Verhältnis zusammenarbeiten läßt. In unserer Kultur haben wir unsere männliche Energie, unsere Fähigkeit zu denken und zu handeln, dazu benutzt, unsere weibliche Intuition zu unterdrücken und zu kontrollieren, statt sie zu unterstützen und ihr Ausdruck zu verleihen. Diese traditionelle Art, die männliche Energie zu benutzen, nenne ich die ›alte Männlichkeit‹. Sie existiert in Männern und Frauen gleichermaßen, obgleich sie bei Männern oft offensichtlicher und mehr äußerlich in Erscheinung tritt, während sie bei Frauen subtiler und innerlicher ist.

Die alte Männlichkeit ist jener Teil von uns, der immer die Kontrolle behalten möchte. Der Krieg ist ein gutes Beispiel dafür, daß es der alten männlichen Energie an der Weisheit und Führung durch das Weibliche mangelt. Der alte Mann fürchtet sich vor der weiblichen Kraft, weil er sich nicht der Macht des Universums ausliefern möchte. Er fürchtet, daß er seine individuelle Identität verliert, wenn er sich dieser Macht ausliefert.

Ein anderes Wort für die alte Männlichkeit ist das Ego. Seine Funktion besteht darin, um jeden Preis an Individualität und Getrenntheit festzuhalten. Deshalb leugnet es die

Kraft des Weiblichen, da diese Kraft zu Vereinigung und Einssein führt.

In Beziehung zur alten Männlichkeit, ist das Weibliche in der Welt hilflos. Die Kraft der Frau kann nicht unmittelbar hinaus in die Welt wirken. Deshalb tritt sie oft auf indirekte Weise in Erscheinung. Wenn wir unserer weiblichen Energie nicht durch unsere männliche Energie Ausdruck verleihen können, kommt sie auf indirekte Weise zum Vorschein, und zwar verdeckt, durch Manipulation. Die Energie muß sich irgendwie ausdrücken; wenn dazu keine Möglichkeit besteht, kann die Energie uns Probleme machen, ja sogar körperliche Erkrankungen hervorrufen.

Die alte Männlichkeit oder das Ego fürchtet sich vor der Macht des Weiblichen, weil sie die Macht des Geistes ist. Sie ist die Kraft des Universums, und sie läßt sich nicht kontrollieren, das Ego kann sie nicht kontrollieren. Und vor diesem Kontrollverlust fürchten wir uns. Wir fürchten uns davor, unser Ego der Kraft des Universums auszuliefern und darauf zu vertrauen, daß die höhere Kraft wirklich weiß, was zu tun ist.

In gewisser Weise fürchtet der alte Mann, daß die Macht des Weiblichen stärker ist als er. Und in mancher Hinsicht mag das stimmen. Aber es gibt etwas, daß dieser Furcht entgegenwirkt: Je mehr der Mann in uns auf unsere innere Frau hört und entsprechend handelt, desto mehr Stärke gewinnt er. Das Weibliche in ihm erhöht seine Kraft. Schließlich können unsere physischen Körper so flexibel und stark werden, daß wir immer mehr von der universalen kreativen Energie aufnehmen und umsetzen können.

Je mehr unser männlicher Aspekt auf den weiblichen hört und sich im Handeln von ihm führen läßt, desto stärker wird unser Kanal, desto mehr kreative Energie kann durch ihn fließen und desto besser kann unser Körper mit dieser Energie umgehen. Wir steigern also unsere Kraft, unsere Klarheit und unseren Kanal, jedesmal wenn wir auf unsere intuitiven Eingebungen hören und den Mut aufbringen, ihnen zu folgen, und zwar in allen Bereichen unseres Lebens, in kleinen wie in großen Dingen.

Die kleinen Dinge sind in der Tat die wichtigsten. Wenn wir zum Beispiel das Gefühl haben, etwas Bestimmtes sagen zu sollen, es dann aber nicht tun, weil es möglicherweise jemandem mißfällt, dann verweigert sich der Mann in uns der Stimme unserer inneren Frau. Wenn wir uns in einer solchen Situation nur ein- oder zweimal anders verhalten, macht das schon einen großen Unterschied. Wenn Sie das Gefühl haben, etwas Bestimmtes sagen zu sollen, und den Mut aufbringen, es wirklich zu tun, fühlen Sie sich dadurch gestärkt. Genau dieses Gefühl stellt sich immer ein, wenn Ihr männlicher Aspekt auf Ihren weiblichen hört. Wenn Sie jemand einlädt, und Sie nicht wirklich kommen möchten, dann aber doch hingehen, weil man es von Ihnen erwartet, tut der alte Mann in Ihnen etwas aus äußeren Beweggründen, statt den Eingebungen der inneren Frau zu folgen. Wenn Ihnen nicht danach ist, die Einladung anzunehmen, und Ihr innerer Mann unterstützt diese Einstellung noch, indem er sagt: »Nein, ich habe daran im Moment kein Interesse«, dann stärken Sie dadurch Ihr Selbstvertrauen.

Als Männer und Frauen haben wir diese alten männlichen und weiblichen Energien innerhalb unserer traditionellen Rollen benutzt. Die traditionelle Rolle des Mannes besteht darin, sehr stark und kontrolliert zu sein, seine Gefühle zu unterdrücken, emotionslos zu sein, fast wie eine Maschine und sich Frauen gegenüber autoritär und unterdrückend zu benehmen. Der Grund dafür ist, daß er seine eigene innere Frau unterdrückt.

Der traditionelle Macho hat in sich eine hilflose, hysterische weibliche Stimme, die verzweifelt versucht, sich Gehör zu verschaffen. Er wird zumeist auf Frauen anziehend wirken, die wenig Selbstachtung besitzen, anschmiegsam und unselbständig sind, oder indirekt, durch Manipulation, Macht ausüben: durch Kleinmädchengehabe, sexuelle Verführung, Boshaftigkeit oder Verlogenheit.

Die Frau hat nach dem traditionellen Rollenverständnis gefühlsbetont und intuitiv zu sein, soll jedoch nicht über die Fähigkeit verfügen, dies in aktives Handeln in der Welt umzusetzen. Deshalb fängt sie an zu manipulieren; sie findet keine offene Ausdrucksmöglichkeit für ihre Macht, und muß sie deshalb indirekt ausüben. Sie fühlt sich hilflos und von Männern abhängig.

Aus dieser Perspektive ist jeder Mensch nur ein halber Mensch, der in seiner ganzen Existenz von der anderen Hälfte abhängig ist. Doch da wir ohne die Verbindung der männlichen und weiblichen Energien kein gesundes Leben führen können, sind beide Geschlechter auf eine hilflose Art voneinander abhängig, um überleben zu können. In mancher Hinsicht scheint das ein perfekt funktionierendes

Arrangement zu sein. Die Männer helfen den Frauen, und die Frauen helfen den Männern. Doch dabei gibt es ein unterschwelliges Problem: Wenn man sich als Individuum unvollständig fühlt, wenn man das Gefühl hat, das eigene Überleben hinge von einem anderen Menschen ab, dann hat man ständig Angst, diesen Menschen zu verlieren. Aber auf einer tieferen Ebene wissen wir, daß wir diesen Menschen angezogen haben, weil er für uns ein Spiegel ist. Sie sollten sich nicht zu sehr von einem anderen Menschen abhängig machen, denn alles, was Sie in Ihrem Partner sehen, existiert auch in Ihnen selbst. So erkennen Sie, daß Sie eine Beziehung zu einem anderen Menschen eingegangen sind, weil Sie mehr über sich selbst erfahren und Ihre Verbundenheit mit dem Universum vertiefen wollen.

Wie ich selbst verfügen viele Frauen über eine stark entwickelte männliche Energie, benutzen sie jedoch auf die alte männliche Art. Ich war sehr intellektuell, sehr aktiv und lud mir verbissen ein riesiges Bündel von Verantwortungen auf. Ich besaß auch eine sehr stark entwickelte weibliche Seite, aber ich ließ sie nicht die Führung übernehmen. Oft ignorierte ich sie sogar. Ich schützte meine sensiblen, verletzlichen Gefühle, indem ich mich mit einer harten äußeren Schale umgab. Ich mußte lernen, mit meiner starken männlichen Energie meine Weiblichkeit zu unterstützen, auf sie zu hören und ihr zu vertrauen. Das gibt ihr die Sicherheit und den Schutz, den sie braucht, um voll in Erscheinung zu treten. Heute fühle ich mich und wirke ich weicher, aufnahmefähiger und verletzlicher, bin aber in Wirklichkeit viel stärker.

Die Frauen lernen jetzt, selbst aktiv zu werden, anstatt ihre Verantwortung abzugeben und einen Mann zu finden, der die Dinge für sie erledigt. Damit stellen sie jedoch ein tiefsitzendes, jahrhundertealtes Muster in Frage, und es braucht Zeit, bis dieser Wandel in den tiefsten Schichten unserer Psyche vollzogen ist. Der Schlüssel dazu ist, auf unsere tiefsten Gefühle zu achten, ihnen zu vertrauen und dementsprechend zu handeln.

Die Vereinigung von Mann und Frau in jedem einzelnen Menschen ermöglicht, daß das Universum durch jeden von uns wahre Liebe und wahre Leidenschaft ausstrahlen kann. Unsere Beziehungen können sich dann auf die Liebe und Leidenschaft des Universums gründen, statt auf ein Gefühl der eigenen Unzulänglichkeit.

Die weibliche Kraft, die Kraft des Geistes ist immer bei uns. Unser Ego, unsere männliche Energie entscheidet darüber, in welcher Beziehung wir zu dieser Kraft stehen. Wir können gegen sie ankämpfen, sie blockieren und versuchen, sie zu kontrollieren und uns von ihr abzuspalten. Oder wir können uns ihr ausliefern und öffnen, ihr vertrauen, sie unterstützen und mit ihr fließen.

Genau wie jeder von uns individuell mit dieser Energie umgehen muß, gilt das auch kollektiv für unsere Kultur und unsere Welt.

Ich glaube, daß die Welt aus einer Situation, in der die männliche Energie in uns der weiblichen Kraft mißtraute und sich vor ihr fürchtete, in eine Situation übergeht, in der der neue Mann in uns dieser Kraft des Geistes vertraut und sie unterstützt, bereit, diesen Geist in der Welt umzusetzen. Wenn wir diesen inneren Wandel vollziehen, kehren Gleichgewicht und Harmonie in unser Leben ein. Das spiegelt sich in unseren Beziehungen wider, und so verwandelt sich nach und nach die ganze Welt und spiegelt diesen Zustand wider.

Die Kraft der weiblichen Energie ist in unserer Welt auf dem Vormarsch. Wenn sie in uns erscheint, und wir sie anerkennen und uns ihr ausliefern, wird die alte Männlichkeit in uns transformiert. Der alte Mann wird durch die innere Frau als neuer Mann wiedergeboren, dessen treibende Kraft das Vertrauen und die Liebe zu ihr ist. Er muß wachsen, um ihrer Kraft ebenbürtig zu werden, damit sie die Liebenden sein können, als die sie gedacht sind.

Ich glaube, daß der neue Mann erst in den letzten paar Jahren in unserem Bewußtsein wirklich geboren wurde. Davor besaßen wir nur geringe körperliche Erfahrungen mit der wahren männlichen Energie. Unser einziges Konzept von Männlichkeit war der alte Mann. Die Geburt des neuen Mannes ist gleichbedeutend mit der Geburt des neuen Zeitalters. Die neue Welt wird in uns errichtet und spiegelt sich im Äußeren wider, wenn der neue Mann in all seiner Herrlichkeit aus der weiblichen Kraft des Geistes emporsteigt.

Meditation:
Dem inneren Mann und der
inneren Frau begegnen

Nehmen wir uns jetzt ein bißchen Zeit, um Kontakt mit unseren männlichen und weiblichen Aspekten aufzunehmen.

Setzen Sie sich in aufrechter Haltung bequem hin, wobei der Rücken gut gestützt sein sollte, oder legen Sie sich bequem hin, flach auf den Rücken. ... Schließen Sie die Augen. Atmen Sie tief durch, und entspannen Sie mit dem Ausatmen Ihren Körper. ... Atmen Sie erneut tief durch, und mit dem Ausatmen entspannen Sie Ihren Körper noch etwas mehr. ... Atmen Sie wieder tief durch, und versuchen Sie, mit dem Ausatmen jeden Teil Ihres Körpers zu entspannen. ... Wenn es in Ihrem Körper Stellen gibt, die sich noch verspannt anfühlen, richten Sie Ihre Aufmerksamkeit auf diese Stellen. Atmen Sie in sie hinein, und lösen Sie sanft die Spannungen. ... Fahren Sie fort, tief und natürlich zu atmen, und stellen Sie sich vor, daß Sie den Fluß der Energie in Ihrem ganzen Körper spüren, von den Zehen bis zu den Fingerspitzen und zum Scheitel. ...

Atmen Sie wieder tief durch, und entspannen Sie mit dem Ausatmen Ihr Bewußtsein. ... Lassen Sie jeden Gedanken, der Ihnen in den Sinn kommt, sanft davonschweben und lassen Sie zu, daß Ihr Bewußtsein sich beruhigt und löst. ... Atmen Sie wieder tief durch, und beim Ausatmen lassen Sie Ihre Aufmerksamkeit zu einem stillen Ort sehr tief in Ihnen wandern. ...

Stellen Sie sich vor, daß Sie an einem schönen Ort in der freien Natur einen Pfad hinuntergehen. Während Sie diesen Pfad hinuntergehen, werden Sie immer ausgeglichener, ruhiger und entspannter. ... Sie kommen an einen schönen Ort, Ihr inneres Heiligtum ... Sie betreten das Heiligtum. ... Nehmen Sie sich einen Moment Zeit, diesen schönen Ort zu spüren und zu sehen, der Ihr ganz privates, persönliches inneres Heiligtum ist. ... Es ist ein sehr sicherer, ruhiger Ort, den Sie aufsuchen können, um sich zu stärken und Ruhe zu finden. ... Nehmen Sie wahr, was sich in Ihrem Heiligtum befindet: die Bäume und anderen Pflanzen, das Wasser, ob es dort Sonne oder Schatten gibt, wie warm oder kühl es ist. ... Suchen Sie sich dann eine Stelle in Ihrem Heiligtum, wo Sie sich hinsetzen und es sich bequem machen können. ...

Heute werden Sie Bilder Ihres männlichen und Ihres weiblichen Selbst in Ihr Heiligtum bringen. Stellen Sie sich vor, daß Sie zum Eingang des Heiligtums blicken und dort eine weibliche Gestalt sehen oder spüren. … Es kann eine Frau sein, ein Mädchen, ein Tier oder auch eine Farbe oder Energiegestalt. Achten Sie, während sie das Heiligtum betritt, darauf, wie sie aussieht, wie alt oder jung sie ist, und wie sie gekleidet ist. … Achten Sie darauf, wie sie sich bewegt. …

Während sie näherkommt, spüren Sie ihr Energiefeld. Achten Sie darauf, wie sich ihre Energie anfühlt. … Sie ist jetzt bei Ihnen, und Sie begrüßen einander. … Sie hat eine Botschaft, die sie Ihnen mitteilen möchte. Fragen Sie sie, was sie Ihnen sagen oder mitteilen möchte, sei es mit Worten oder auf eine andere Weise, und empfangen, erspüren Sie dann ihre Botschaft. … Fragen Sie sie, was sie braucht, oder was sie sich von Ihnen wünscht, jetzt in diesem Moment oder allgemein im Leben. …

Sie hat ein Geschenk für Sie. Seien Sie bereit, dieses Geschenk anzunehmen. …

Verbringen Sie etwas Zeit mit ihr, auf eine Art, die sich für Sie beide gut anfühlt. … Lassen Sie es, während Sie mit ihr zusammen sind, zu, daß Sie ihre Energie wirklich fühlen. Stellen Sie sich vor, daß Sie ihre Energie in sich aufnehmen und in Ihrem Körper spüren können. Wie fühlt sich diese Energie in Ihrem Körper an?

Lassen Sie dann die Energie der Frau wieder aus Ihrem Körper, und beenden Sie die Begegnung mit ihr für den Augenblick, auf eine Weise, die Ihnen angemessen erscheint. ... Fragen Sie sie, ob sie in Ihrer Nähe bleibt. Vielleicht möchte sie gerne links von Ihnen sitzen oder stehen, doch auch jede andere Möglichkeit ist in Ordnung, solange Sie beide sich dabei wohl fühlen. ...

Schauen Sie nun wieder zum Eingang Ihres Heiligtums. Sie sehen oder spüren, wie eine männliche Gestalt den Pfad herunterkommt. ... Es kann ein Mann sein, ein Junge, ein Tier, eine Farbe oder eine andere Gestalt. Sehen oder spüren Sie, daß es sich dabei um die Verkörperung Ihrer inneren männlichen Energie zum gegenwärtigen Zeitpunkt handelt. Achten Sie, während er das Heiligtum betritt und näherkommt, auf weitere Einzelheiten, auf sein Aussehen, seine Bewegungen, seine Kleidung ... spüren Sie seine Energie. ... Während er näherkommt, spüren Sie seine Energie stärker und sehen und fühlen ihn deutlicher. ...

Wenn er bei Ihnen ist, begrüßen Sie einander. Auch er hat eine Botschaft für Sie. Sie kann durch Worte, aber auch auf andere Art übermittelt werden, entweder telepathisch oder durch bestimmte Handlungen. Bitten Sie ihn, Ihnen die Botschaft mitzuteilen ... und vertrauen Sie einfach dem, was Ihnen übermittelt wird. ... Fragen Sie ihn, was er von Ihnen braucht, jetzt zu diesem Zeitpunkt oder allgemein in Ihrem Leben. ...

Auch er hat ein Geschenk für Sie. Seien Sie bereit, dieses Geschenk anzunehmen. ...

Spüren Sie seine Energie und stellen Sie sich vor, diese Energie für einen Moment in Ihren Körper zu holen. Fühlen Sie, wie es ist, seine Energie in Ihrem Körper zu haben. ... Geben Sie seine Energie dann wieder frei und beenden Sie die Begegnung mit ihm für den Augenblick auf eine Art, die Ihnen angemessen erscheint. ...

Gestatten Sie es nun Ihrem männlichen und Ihrem weiblichen Selbst, einander zu begegnen und sich so zu begrüßen, wie sie es gerne möchten. ... Fragen Sie sie, ob es etwas gibt, daß Sie sich sagen oder auf andere Weise mitteilen möchten. ... Fragen Sie sie, ob es etwas gibt, daß sie vom anderen benötigen. ...

Stellen Sie sich vor, daß Sie beider Energien zusammen oder jede ihrer Energien getrennt spüren. ... Stellen Sie sich vor, daß Sie beide Energien für einen Moment in Ihren Körper holen. ... Spüren Sie die Ausgewogenheit der beiden Energien, oder ihre Gegensätzlichkeit. ... Geben Sie dann die Energie wieder frei und lassen Sie zu, daß die beiden ihre Kommunikation untereinander und mit Ihnen auf eine Weise beenden, die Ihnen intuitiv richtig erscheint. ...

Wenn Sie das Gefühl haben, daß die Erfahrung abgeschlossen ist, bitten Sie die beiden entweder, noch eine Weile bei Ihnen im Heiligtum zu bleiben, oder Sie stellen sich vor, daß Sie den Pfad hinaufgehen und das Heiligtum verlassen. Seien Sie sich dabei bewußt, daß Sie sie jederzeit herholen können, einfach indem Sie sich ihre Gegenwart herbeiwünschen. ... Sie können die beiden jederzeit um Rat oder Hilfe bitten oder von ihnen das Wissen erhalten, das Sie gerade benötigen. ...

Wenn Sie noch in Ihrem Heiligtum bleiben möchten, bleiben Sie, solange Sie möchten. Wenn Sie zum Aufbruch bereit sind, gehen Sie den Pfad hinauf. Dabei spüren Sie, daß Sie sich in einem Zustand des Gleichgewichts, der Gelassenheit und Vitalität befinden. ... Werden Sie sich Ihres Körpers und des Zimmers bewußt, in dem Sie sich aufhalten, und wenn Sie bereit sind, öffnen Sie die Augen und kehren Sie in die Außenwelt zurück.

Das
innere Kind
entdecken

Die meisten von uns glauben, jeder von uns hätte eine einzige, kontinuierliche Persönlichkeit. Doch dann wundern wir uns, warum es in dieser Persönlichkeit so viele Brüche gibt. An einem Tag fühlen wir uns so, und am nächsten wieder völlig anders. Manchmal geschieht dieser Wechsel sogar von Minute zu Minute. Ich habe herausgefunden, daß wir keineswegs nur eine einzige Person sind. Wir alle tragen viele unterschiedliche Leute in uns, viele verschiedene Charaktere.

Denken Sie sich diese Charaktere als verschiedene Unterpersönlichkeiten. Jede von ihnen hat ihre eigenen Wünsche und Bedürfnisse, ihre eigenen Standpunkte, ihre eigenen Meinungen. Oft stehen sich diese Unterpersönlichkeiten diametral gegenüber. Zum Beispiel gibt es in jedem von uns einen Teil, der glaubt, das wichtigste sei, hart zu arbeiten und Erfolg zu haben. Und wenn dieser Teil das Sagen hätte, würden wir ununterbrochen arbeiten. Andererseits gibt es vielleicht einen Teil in uns, der das genaue Gegenteil will, nämlich sich entspannen, faulenzen und das Leben genießen.

Für gewöhnlich identifizieren wir uns stärker mit einem dieser beiden gegensätzlichen Teile. Wenn wir ein Workaholic sind, identifizieren wir uns in erster Linie mit dem harten Arbeiter in uns. Gleichzeitig ignorieren, leugnen oder unterdrücken wir den anderen Charakter in uns, der vielleicht ein Hedonist ist, die Freuden des Lebens liebt oder einfach nur *sein* möchte. Manchmal spüren wir den Konflikt zwischen den beiden Charakteren und schwanken zwischen ihnen hin und her.

Es ist sehr aufschlußreich, all diese Leute in uns kennenzulernen und zu respektieren. Jeder von ihnen ist ein wichtiger Teil von uns. Jeder ist ein Aspekt unserer Persönlichkeit, den wir kennenlernen, respektieren, erforschen und wertschätzen sollten. Wenn wir es uns gestatten, *alle* unsere Unterpersönlichkeiten kennenzulernen und auszudrücken, können wir ein inneres Gleichgewicht erreichen, statt uns nur mit einer Seite der Polarität zu identifizieren. Im Idealfall sollten wir beide Seiten der Polarität genau kennen und dann die verschiedenen Unterpersönlichkeiten in dafür angemessenen Augenblicken in den Vordergrund treten lassen.

Alle unsere Selbst kennenzulernen ist eine faszinierende Sache. Manchmal fühle ich mich eher als eine Familie, denn als eine einzige Person. Und wie in allen Familien gibt es da ein gewisses Maß an Konflikten, und eine Menge Liebe. Es geht darum, jedes Mitglied der inneren Familie seine Rolle spielen zu lassen und in dieser Rolle respektiert zu werden, so daß in der Familie Harmonie herrscht.

Eine andere interessante Metapher für diese Situation ist, daß Sie sich Ihre Persönlichkeit als Komitee denken. Wenn Sie sie sich als Komitee vorstellen, wird Ihnen klar, warum es Ihnen so schwerfällt, eine Arbeit zu erledigen oder eine Entscheidung zu treffen. Wir wissen alle, was passiert, wenn ein Komitee eine Entscheidung treffen soll. Das eine Mitglied will dieses, das andere jenes, und so geschieht die halbe Zeit überhaupt nichts. Wenn Sie die Mitglieder Ihres inneren Komitees kennenlernen und es ihnen gestatten, sich selbst klar auszudrücken, dann können *Sie,* als bewußte Person, die Entscheidungen treffen. Und nicht irgendein Teil von Ihnen, der in irgendeiner Situation gerade zufällig die Kontrolle an sich gerissen hat.

Eine andere Vorstellung, die ich in diesem Zusammenhang gerne benutze, ist die eines Theaters, in dem alle Charaktere auf einer inneren Bühne ihre Rolle spielen. Wir neigen dazu, Menschen anzuziehen, die die verschiedenen Charaktere in uns widerspiegeln — wir werden von Menschen angezogen und ziehen selbst Menschen an, die unseren Unterpersönlichkeiten ähneln. Auf diese Weise inszenieren wir unser inneres Drama in der Außenwelt. Immer wieder müssen wir in unserem Leben lernen, inwieweit sich unser Innenleben in anderen Menschen spiegelt.

Das Ziel besteht letztlich darin, alle Aspekte unserer Person zu kennen, zu lieben und zu akzeptieren. Es gibt nichts Schlechtes in uns. Alles im Universum möchte geliebt und akzeptiert werden. Alles, was Sie nicht lieben und akzeptieren, wird Ihnen so lange überall hin folgen, bis Sie es schließlich lieben und akzeptieren.

Vielen von uns fällt es zum Beispiel schwer zu akzeptieren, daß es in uns jemanden gibt, der wütend ist. Diese Person ist *wirklich* wütend, weil sie nie angehört und akzeptiert wurde. Aber Sie können sichere, angenehme, angemessene Möglichkeiten finden, Ihre Wut zu spüren, zu erfahren und angemessen auszudrücken. So wird dieses Selbst allmählich zu einem akzeptierten Teil von Ihnen, und eine Menge ›Geladensein‹ löst sich auf.

Jeder innere Charakter ist für unser Leben sehr wichtig, und jeder hat uns etwas zu geben. Aber einer der wichtigsten Aspekte unserer Persönlichkeit ist das innere Kind, das Kind, das stets in uns gegenwärtig ist. Ja, wir haben sogar viele Kinder in uns. Jedes befindet sich in einer anderen Phase der Kindheit, vom Säugling bis zum Jugendlichen.

Diese inneren Kinder haben viele unterschiedliche Aspekte. In uns ist ein Kind, das sehr verletzlich, sehr emotional ist. Tatsächlich ist das Kind in uns der Sitz unserer Gefühle. Damit wir lernen, in Kontakt mit unseren Gefühlen zu sein und unsere Emotionen zu lieben und zu akzeptieren, müssen wir also zu dem verletzlichen Kind in uns in Verbindung treten.

Es gibt auch ein sehr verspieltes Kind in uns, das weiß, wie man Spaß hat, so wie eben kleine Kinder ganz natürlich wissen, wie man etwas Lustiges unternimmt, wie man spielt. Wir alle haben dieses Kind in uns, ein Kind voller sprühender Einfälle, das vergnügt ist und spielt und stets nach allem Ausschau hält, was Freude macht.

Wir haben auch ein magisches Kind in uns. Das ist der Teil von uns, der ganz natürlich auf die Magie des Universums eingestimmt ist. Die meisten von uns Erwachsenen haben vergessen, daß es diese Magie gibt. Als Kinder wußten wir, daß Magie existiert, und wir waren in Verbindung zu dieser Magie. Ganz natürlich verstanden wir die Magie der kleinen Pflanzen und Tiere, und vielleicht hatten wir sogar Kontakt mit Elfen und Feen, oder was immer Magie sonst für uns bedeutete.

Auch ein sehr weises Kind gibt es in uns. Dieser Teil von uns ist sehr wahrhaftig. Er sieht und weiß, was wir selbst und andere Menschen fühlen. Er durchschaut all die oberflächlichen Verlogenheiten unserer Erwachsenenwelt und erfaßt stets die tiefere Wahrheit einer Situation.

Ein guter Weg, sich des Kindes in uns (oder vieler anderer Unterpersönlichkeiten) bewußt zu werden, besteht darin, reale Kinder zu beobachten. Kinder spiegeln das Kind in uns selbst wider. Gewiß haben Sie alle schon erlebt, daß Sie in die Augen eines Kindes schauten und dabei eine sehr tiefe Verbundenheit empfanden. Oder Sie haben ein sehr verspieltes Kind gesehen, und dadurch kam Ihr eigener Spieltrieb zum Vorschein. Oder ein Kind sagt etwas zu Ihnen, das voller Weisheit ist und Sie tief bewegt. Sie haben das Gefühl, daß dieses Kind in gewisser Weise mehr weiß als Sie. Das ist ein Spiegelbild der Weisheit Ihres inneren Kindes.

Das Kind in uns ist gewiß einer der wichtigsten Aspekte unserer Person, zu der wir einen Kontakt herstellen müssen. Ein Grund dafür ist, daß wir als spirituelle Wesen in einen physischen Körper eintreten und als ein Kind, ein Säugling in diese Welt hineingeboren werden. Daher ist das Kind der Teil unserer Persönlichkeit, der unserem spirituellen Wesenskern am nächsten steht. Wenn das Kind zur Welt kommt, ist es beinahe reine spirituelle Essenz, denn zu diesem Zeitpunkt hat es noch keinen Kontakt zur und keine Erfahrung mit der Welt. Deshalb bewegt uns die Begegnung mit kleinen Kindern so; wir sehen das Spiegelbild unserer eigenen tiefen, schönen und unschuldigen spirituellen Essenz, die noch nicht völlig begraben und vergessen ist.

Wenn wir mit dem Kind in uns Verbindung aufnehmen, treten wir in Kontakt mit unserem tiefsten und spirituellsten Wesenskern. Indem wir die Beziehung zum inneren Kind kultivieren, erzeugen wir automatisch eine tiefere und stärkere Verbindung zu unserem Wesenskern, und unsere Spiritualität kann dann wirklich in Erscheinung treten.

Ein anderer wichtiger Grund dafür, mit unserem inneren Kind Verbindung aufzunehmen, ist die Tatsache, daß das Kind der Schlüssel zu unserer Kreativität ist. Wir alle wissen, wie kreativ Kinder sind, wenn sie nicht bereits in ihrer Entfaltung beschnitten wurden. Kleine Kinder sind unaufhörlich kreativ. Ständig spielen sie voller Leichtigkeit mit ihrer Phantasie: Komm, wir spielen Haus. Komm, wir spielen Feuerwehr. Stell dir dies vor, stell dir das vor. Und gleich gehen sie in die jeweilige imaginäre Welt hinein. Sie sind voller Phantasie und Kreativität. Sie lieben es zu zeichnen. Sie lieben es zu malen. Sie singen ständig kleine Lieder. Sie tanzen. Sie sind auf magische Weise kreative Wesen.

Und das gilt auch für uns Erwachsene. Als Kinder hatten wir alle dieses magische, kreative Element in uns. Doch als Erwachsene haben wir es unterdrückt und behindert. Deshalb setzen wir, wenn wir in Kontakt mit dem Kind in uns treten, unsere Energie frei.

Der Schlüssel zur Kreativität besteht darin, das Risiko einzugehen, etwas, das man ausprobieren möchte, tatsächlich zu tun, und dann zu sehen, was passiert. Unser kreatives Kind ist der Teil von uns, der keine Angst davor hat, etwas Neues auszuprobieren. Wenn Kinder ein Bild malen, verschwenden sie keinen Gedanken darauf, ob dieses Bild irgendwelchen Kritikern gefällt. Sie malen ganz einfach, weil es ihnen Freude macht. Und genauso können wir unsere kreative Energie freisetzen. Indem wir das Wesen dieses Kindes in uns fühlen und bereit sind, neue Dinge auszuprobieren, die Spaß machen, schön, aufregend, neu und anders sind.

Wieder und wieder erlebe ich, daß sich für Menschen, die Verbindung zum inneren Kind aufnehmen, ganz neue Felder der Kreativität öffnen, was ungeheuer schön und befriedigend ist.

Auch für Nähe in einer Beziehung ist das Kind der Schlüssel. Weil das Kind der Teil von uns ist, der zu den tiefsten Empfindungen fähig ist, ist es auch der Teil, der wirklich lieben kann. Und es ist auch der Teil von uns, der verwundbar, verletzlich ist. Um wirkliche Nähe zu einem anderen Menschen zu fühlen, müssen Sie in Kontakt mit Ihrer eigenen Verwundbarkeit sein, mit Ihrer Liebe, ja sogar mit Ihrer Fähigkeit, sich verletzen zu lassen.

Es ist also das verletzliche Kind in uns, das es uns ermöglicht, Vertrautheit und Nähe zu anderen Menschen zu erfahren. Wenn wir keinen Kontakt zu unserem Kind haben, werden wir keine wirkliche Nähe zu anderen erfahren. Wenn wir lernen, in Verbindung zum inneren Kind zu sein, für es zu sorgen, es zu beschützen und ihm auf angemessene Weise Ausdruck zu geben, können wir in unserem Leben auf eine gesunde, erfüllte Weise Nähe zu anderen Menschen erleben.

Manche Menschen sind in Kontakt mit ihrem inneren Kind. Vielleicht wissen einige von Ihnen bereits, daß Sie in Kontakt mit Ihrem inneren Kind sind, oder vielleicht kennen Sie Menschen, die in Kontakt mit ihrem Kind sind. Solche Menschen sind in der Regel eine angenehme Gesellschaft, und sie bewegen uns emotional, wie es sonst nur ein Kind vermag.

Aber die meisten von uns haben das Kind unterdrückt oder verdrängt, weil wir schon früh in unserem Leben herausfanden, daß diese Welt für Kinder kein sehr sicherer Ort ist. Deshalb begannen wir schon früh, Schutzwälle um das Kind zu errichten. Ja, der größte Teil unserer Persönlichkeitsstruktur ist lediglich eine Mauer, die von uns aufgerichtet wurde, um jenes sehr empfindsame, verletzliche Wesen zu schützen, das unser inneres Kind ist. Wir errichten immer stärkere Schutzwälle, erfinden immer neue Mechanismen, um in einer harten Welt zu überleben, die auf die Bedürfnisse dieses unschuldigen Kindes keine Rücksicht nimmt.

Schließlich wird dieses Kind in uns, das wir zu schützen versuchen, völlig begraben, und wir wissen gar nicht mehr, daß es überhaupt existiert. In dieser mißlichen Lage befinden sich die meisten von uns. Ganz unwillkürlich benutzen wir unsere Verteidigungssysteme und Überlebensmechanismen. Und wir vergessen, daß sie eigentlich dazu dienen sollten, das Kind zu beschützen. Aber das Kind in uns leidet, weil seine Bedürfnisse nicht erfüllt werden. Das Kind verläßt uns nicht. Es wird nie erwachsen. Es stirbt nie. Es ist unser ganzes Leben hindurch in uns.

Wenn wir uns auch der Bedürfnisse des Kindes nicht bewußt sind, versuchen wir doch unbewußt ständig, sie zu erfüllen. Das Kind in uns motiviert unser gesamtes Verhalten, ohne daß wir uns dessen bewußt sind. Zum Beispiel kann es sein, daß wir eine Unterpersönlichkeit entwickeln, die nur Arbeit im Kopf hat, weil sie genug Geld verdienen will, damit das Kind sich sicher und behütet fühlt. Doch schließlich vergessen wir das Kind völlig und verbringen unser ganzes Leben mit harter Arbeit. Vielleicht häufen wir so eine Menge Geld und eine Menge Erfolg an, aber nichts davon kann uns wirklich befriedigen, weil wir das Kind vergessen haben, das die ursprüngliche motivierende Kraft war.

Manchmal wird das Kind sogar unsere Bemühungen, Erfolg zu haben und die Dinge zu tun, die wir für gut halten, vereiteln, weil das Kind insgeheim weiß, daß das von uns Erstrebte seine Bedürfnisse nicht erfüllen wird. Ich habe festgestellt, daß Menschen, die keinen Erfolg haben, daran oft durch ihr inneres Kind gehindert werden, dessen Bedürfnisse unerfüllt sind. Das Kind wird Sie davon abhalten, Erfolg zu haben, solange Sie ihm nicht mehr Zuwendung, mehr Liebe, mehr Zeit zum Spielen schenken, oder was immer seine Bedürfnisse sein mögen.

Unsere Aufgabe besteht also darin, mit unserem inneren Kind Verbindung aufzunehmen, herauszufinden, wo seine Bedürfnisse liegen, und bewußt für das Kind Sorge zu tragen. Das Kind braucht Liebe, körperliche und emotionale Nähe, Freude und ehrlichen und kreativen Selbstausdruck. Wenn wir Wege finden, diese Bedürfnisse zu erfüllen, kommt unsere ganze Persönlichkeit ins Gleichgewicht, und wir werden gesund und ausgeglichen.

Es gibt viele Möglichkeiten, mit dem Kind in uns Verbindung aufzunehmen: Wir können spielen, tanzen, singen, zeichnen, malen, uns in der Natur aufhalten, oder mit Kindern zusammensein, um unser inneres Kind zu erfahren. Kaufen Sie ein Spielzeug, ein Stofftier, und erlauben Sie es Ihrem inneren Kind, seinen Wünschen und Bedürfnissen auf eine Weise Ausdruck zu geben, die Freude macht. Oft kommt das Kind in uns beim Kontakt mit Tieren zum Vorschein, denn Kinder lieben Tiere.

Ein Weg, der vielen Menschen sehr geholfen hat, ist die folgende Meditation.

Meditation:
Verbindung mit dem inneren Kind aufnehmen

Ehe Sie mit der Meditation beginnen, sollten Sie eine Umgebung schaffen, die dem Kind soviel Sicherheit und Behaglichkeit wie möglich gibt. Suchen Sie sich einen Platz aus, an dem Sie sich wirklich wohl fühlen. Legen Sie eine Decke, ein Stofftier oder etwas anderes bereit, das dem Kind signalisiert, daß es willkommen ist. Sie können für diese Meditation einen Platz im Freien aufsuchen oder eine Stelle in Ihrem Haus, wo Sie sich besonders wohl fühlen.

Wenn Sie diese Meditation zum ersten Mal durchführen, ist es wichtig, ein paar Dinge im Gedächtnis zu behalten. Manchmal ist der erste Kontakt ganz leicht, obwohl wir den größten Teil unseres Lebens ohne Verbindung zu unserem inneren Kind zugebracht haben. Das Kind hat auf uns gewartet und wünscht die Kontaktaufnahme. Doch manchmal ist das Kind noch nicht sofort bereit, uns zu vertrauen, so daß etwas Geduld erforderlich ist. Es kann sein, daß das Kind erst einmal abwartet, bis es sicher ist, daß Sie den Kontakt wirklich wünschen und ihn von nun an ständig aufrechterhalten wollen.

Wenn Sie die Meditation zum ersten Mal durchführen, vertrauen Sie einfach dem, was geschieht. Wenn das Kind ein bißchen reserviert oder zögerlich ist, lassen Sie ihm einfach Zeit. Führen Sie die Meditation regelmäßig durch. Dann werden Sie feststellen, daß der Kontakt zusehends intensiver und positiver wird. Doch jetzt sollten Sie ganz einfach offen sein für alles, was geschieht.

Möglicherweise kommen Sie in Kontakt mit einem Kind, das sehr emotional, traurig oder verletzt ist. Oder Sie begegnen einem Kind, das sehr verspielt ist und mit Ihnen zusammensein und Spaß haben möchte. Vielleicht begegnen Sie dem magischen Aspekt Ihres Kindes, oder dem weisen Kind. Akzeptieren Sie ganz einfach das, was Ihnen begegnet, denn das ist der Teil Ihres Kindes, für den Sie im Moment bereit sind. Wenn Sie regelmäßig mit dieser Meditation arbeiten, werden Sie verschiedene Aspekte Ihres Kindes kennenlernen. Vertrauen Sie Ihren Erfahrungen.

Machen Sie es sich im Sitzen oder im Liegen bequem. Wenn Sie sitzen, sollte Ihr Rücken gerade und gut abgestützt sein. Wenn Sie liegen möchten, legen Sie sich flach auf den Rücken. Schließen Sie die Augen. ... Atmen Sie tief durch, und entspannen Sie mit dem Ausatmen Ihren Körper. ... Atmen Sie wieder tief durch, und mit dem Ausatmen wird Ihr Körper immer entspannter und entspannter. ... Atmen Sie wieder tief durch, und stellen Sie sich beim Ausatmen vor, daß Sie Ihren Körper vollkommen entspannen. Ihr ganzer Körper ist jetzt vollkommen entspannt. ...

Atmen Sie wieder tief durch, und entspannen Sie mit dem Ausatmen Ihr Bewußtsein. ... Lassen Sie Ihre Gedanken davonschweben; lassen Sie Ihr Bewußtsein still und ruhig werden. ... Atmen Sie wieder tief durch, und stellen Sie sich mit dem Ausatmen vor, daß Ihre Aufmerksamkeit zu einem ruhigen Ort tief in Ihnen wandert. ...

Stellen Sie sich nun vor, daß Sie den schönen Pfad zu Ihrem Heiligtum hinuntergehen. ... Und während Sie den Pfad hinabgehen, fühlen Sie sich immer entspannter, ausgeglichener und wohler. Sie betreten Ihr Heiligtum und spüren die Schönheit und Vertrautheit der Natur ringsum. ...

Nehmen Sie sich einen Moment Zeit, um den Kontakt mit Ihrem Heiligtum herzustellen. Erinnern Sie sich an einige Einzelheiten dieses Ortes und genießen Sie es, dort zu sein.

... Stellen Sie sich vor, daß Sie in Ihrem Heiligtum umhergehen, die verschiedenen Pflanzen und Tiere wahrnehmen und Sonne oder den Wind spüren. Dann bemerken Sie die Gegenwart eines kleinen Kindes. ... Während Sie auf das Kind zugehen, sehen oder spüren Sie, ob es ein Junge oder ein Mädchen ist, wie alt es ist, und was es gerade tut. ...

Gehen Sie langsam auf das Kind zu, und achten Sie dabei darauf, wie es gekleidet ist. ... Erspüren Sie die emotionale Verfassung des Kindes. ... Nähern Sie sich dem Kind und nehmen Sie auf eine Weise Kontakt mit ihm auf, die Ihnen im Moment angemessen erscheint. ...

Fragen Sie das Kind, ob es Ihnen etwas sagen oder mitteilen möchte. Das kann durch Worte oder auf eine andere Art geschehen. Öffnen Sie sich für die Mitteilung des Kindes, wie immer sie aussehen mag. ...

Fragen Sie das Kind nun, was es sich am meisten von Ihnen wünscht, jetzt in diesem Augenblick oder allgemein im Leben. ... Hören Sie aufmerksam zu, was das Kind Ihnen zu sagen hat, sei es mit Worten oder auf eine andere Weise. ...

Verbringen Sie etwas Zeit mit Ihrem Kind. ... Lassen Sie das Kind diese Zeit gestalten. Vielleicht möchte es mit Ihnen spielen, oder einfach nur bei Ihnen sitzen, oder von Ihnen in den Arm genommen werden. ...

Das Kind hat ein besonderes Geschenk für Sie. Nehmen Sie dieses Geschenk an. ...

Bleiben Sie weiter mit Ihrem Kind zusammen. ... Lassen Sie das Kind wissen, daß Sie von nun an so viel wie möglich mit ihm zusammensein wollen. ...

Beenden Sie Ihre gemeinsame Zeit jetzt einstweilen auf eine Weise, die sich für Sie beide gut anfühlt. Sie und das Kind müssen zwischen zwei Möglichkeiten wählen. Entweder kann das Kind hier im Heiligtum bleiben, an diesem sehr sicheren Ort in Ihnen, und Sie können das Kind dann hier besuchen. Oder das Kind kommt mit Ihnen, wenn Sie das Heiligtum verlassen. Ihr Kind weiß, was für den Augenblick das beste ist, aber es ist später jederzeit möglich, das zu ändern.

Wenn das Kind im Heiligtum bleibt, verabschieden Sie sich jetzt von ihm. Versichern Sie dem Kind, daß Sie so oft wie möglich wiederkommen werden, und daß Sie stets wissen möchten, wie sich das Kind fühlt und was es braucht. ...

Wenn das Kind mit Ihnen kommt, nehmen Sie es auf den Arm oder an die Hand, und gehen Sie den Pfad hinauf, der aus dem Heiligtum führt. Fühlen Sie sich dabei lebendig, energiegeladen, ausgeglichen und zentriert. ...

Werden Sie sich Ihres Körpers und der Umgebung bewußt. Wenn Sie sich dazu bereit fühlen, öffnen Sie die Augen und kehren in die Außenwelt zurück.

Jetzt, wo Sie den Kontakt zu Ihrem inneren Kind hergestellt haben, ist es wichtig, daß Sie sich um es kümmern und regelmäßig Zeit mit ihm verbringen. Sie sind der Vater oder die Mutter Ihres inneren Kindes. Es ist wichtig, daß Sie diesem Kind ein Vater oder eine Mutter sind, der oder die sich ihm gegenüber liebevoll und verantwortungsbewußt verhält. Das kann eine sehr schöne Erfahrung für Sie und für das Kind sein, aber es erfordert auch einige Achtsamkeit und Verantwortungsbereitschaft auf Ihrer Seite. Es bedeutet, daß Sie diesem Kind einen angemessenen Platz in Ihrem Leben einräumen müssen.

Wenn Sie unsicher sind, welche Bedürfnisse Ihr Kind hat, oder wie Sie am besten für es sorgen sollen, fragen Sie es. Das Kind weiß jederzeit, was es sich wünscht und was es braucht. Machen Sie es sich also zur Gewohnheit, mit dem Kind zu kommunizieren, fragen Sie es, was es braucht, was es sich wünscht. Tun Sie dann Ihr Bestes, diese Bedürfnisse zu erfüllen. Sie werden nicht immer alle Wünsche des Kindes erfüllen können, aber Sie sollten seine Bedürfnisse zu einem festen Bestandteil Ihres Lebens machen, genau so, wie Sie es auch bei einem wirklichen Kind tun würden. Räumen Sie ihnen so viel Priorität wie möglich ein, und Sie werden dafür reichen Lohn erhalten.

Denken Sie sich Dinge aus, die dem Kind Freude machen oder ihm Kraft geben, und bauen Sie sie in Ihren Tagesablauf ein. Nehmen Sie sich täglich, oder wenigstens alle paar Tage Zeit, selbst wenn es nur ein paar Minuten morgens oder am Abend sind, und finden Sie heraus, was Ihr Kind gern tut. Besorgen Sie sich Spielzeug, mit dem das Kind gern spielt, gehen Sie spazieren oder radfahren, nehmen Sie ein heißes Schaumbad, lesen Sie Märchenbücher — Dinge, die Ihr inneres Kind wirklich nähren und stärken. Das wichtigste für Ihr Kind ist natürlich Liebe und Nähe, deshalb wird Ihr Kind Sie zu mehr Nähe, Liebe und Freundschaft zu anderen Menschen führen.

Es ist auch wichtig zu lernen, wann es nicht angebracht ist, das Kind zum Vorschein zu bringen. Eine geschäftliche Besprechung ist sicher nicht der geeignete Rahmen dafür, das Kind hervorkommen zu lassen. Da sollte es lieber zu Hause bleiben und dort spielen. Sagen Sie dem Kind einfach, daß Sie jetzt arbeiten gehen, und daß Sie später mit ihm spielen werden, wenn Sie wieder zu Hause sind.

Wenn diese Dinge auch zunächst vielleicht ein bißchen albern erscheinen, werden sie Ihnen doch mehr Ausgeglichenheit, Harmonie, Freude und Erfüllung in Ihr Leben bringen.

Die
eigene Kreativität
ausdrücken

Viele Menschen glauben, sie seien nicht kreativ. Das höre ich ständig in meinen Seminaren; Leute sagen zu mir: »Ich bin nicht kreativ.« Doch das glaube ich nicht. Ich habe mit vielen Menschen gearbeitet und dabei festgestellt, daß wir alle, wenn wir unsere begrenzten Vorstellungen und Blokkaden überwunden haben, kreative Wesen sind. Der beste Beweis für unsere Kreativität ist, wenn wir uns unser Leben anschauen und uns klarmachen, daß wir es auf einer metaphysischen Ebene selbst geschaffen haben. Zugegeben, unsere Leben sind nicht perfekt, aber nichtsdestoweniger sind sie eine kraftvolle Manifestation unserer Kreativität. Wir müssen uns klarwerden, wie unglaublich unser Leben tatsächlich ist, und wie unglaublich wir selbst sind. Wir alle haben eine enorme Menge von eindrucksvollen, interessanten, ja sogar überaus erstaunlichen Erfahrungen und Menschen erzeugt. Und in ihnen spiegelt sich unsere Kreativität.

In jedem Augenblick erschaffen wir unsere Realität, ob wir uns dessen bewußt sind oder nicht. Wenn wir es unbewußt tun, erschaffen wir sie aus Gewohnheiten und alten Mustern. Mit zunehmender Bewußtheit wächst unsere Fähigkeit, das zu erschaffen, was wir uns wirklich wünschen.

Die Vorstellung, daß wir nicht kreativ sind, stammt zumeist aus einer Programmierung oder Konditionierung, die wir schon sehr früh erhielten. Irgendwann hat uns einmal jemand gesagt, wir wären nicht kreativ, und wir haben es ihm geglaubt. Oder wir mußten zuviel Kritik und Mißbilligung erdulden, und erhielten nicht genug Ermutigung und Unterstützung, um unsere natürliche Kreativität auszudrücken. So kamen wir zu dem Schluß, daß wir gar nicht kreativ sind.

Viele Menschen halten nur ganz bestimmte Formen des Selbstausdrucks für kreativ. Wir alle wissen, daß bildende Kunst, Tanz oder Musik kreativ sind. Doch ein Geschäft zu betreiben, einen Haushalt zu führen oder Kinder zu erziehen halten wir nicht unbedingt für kreative Tätigkeiten. Und dennoch, wenn Sie einmal genauer darüber nachdenken, was könnte kreativer sein, als Kinder großzuziehen? Das ist der kreative Akt schlechthin. Ein anderes menschliches Wesen zu zeugen und zu lernen, wie man diesem menschlichen Wesen dabei hilft, seine Kreativität auszudrücken, ist vermutlich die größte aller Herausforderungen. Kochen ist kreativ. Viele unserer Freizeitaktivitäten, sogar all die kleinen Dinge, die wir ständig tun, sind sehr kreativ. Doch weil sie uns leichtfallen und selbstverständlich erscheinen, halten wir sie normalerweise nicht für kreativ.

Denken Sie darüber nach, welche Dinge Ihnen leicht von der Hand gehen und Freude machen, und erkennen Sie den kreativen Aspekt dieser Handlungen. Erkennen Sie, warum es sich dabei für Sie um wirklich wichtige Formen des Selbstausdrucks handelt. Gehen Sie einmal ein paar Risiken ein. Tun Sie einmal etwas Neues und anderes, das Sie kreativ finden. Mir ist aufgefallen, daß viele Menschen sich für zu alt halten, um noch etwas Neues anzufangen, besonders etwas ›Kreatives‹ – weil sie nicht als Kinder oder junge Menschen damit angefangen haben, glauben sie, daß es jetzt zu spät dazu ist.

Ich ermutige die Leute stets, ihre Phantasie zu benutzen, sich kreative Dinge auszudenken, die sie gern tun möchten. Finden Sie heraus, ob es etwas gibt, das Sie tun können, einen Schritt, den Sie in Richtung dieser Wünsche unternehmen können, auch wenn sie ein bißchen weit hergeholt erscheinen. Dafür ist es nie zu spät.

Wir wissen, daß jeder von uns seiner wahren Natur nach ein kreatives Wesen ist, ein spirituelles Wesen, das eine physische Form annimmt. Diese physische Form ist unser erster schöpferischer Akt. Wir erschaffen einen Körper, um unserem Geist Ausdruck zu verleihen. Ich weiß, daß vielen von uns ihr Körper nicht gefällt, und daß sie ihn nicht gerade für eine perfekte Schöpfung halten, doch unsere Körper befinden sich in ständiger Veränderung. Wenn wir uns innerlich verändern, verändern sich auch unsere Körper, die ja Ausdruck unseres Geistes sind. Je mehr Sie also Ihren kreativen Geist kennenlernen, akzeptieren und ausdrücken, desto mehr zeigt sich dieser Geist auch in Ihrem ersten kreativen Projekt − Ihrem Körper.

Betrachten Sie Ihren Körper von nun an als Ihre Schöpfung, und machen Sie sich klar, wie Ihr Geist sich durch ihn ausdrückt. Beobachten Sie, wie Sie sich selbst daran hindern, Ihren Geist auszudrücken, und stellen Sie fest, wie sich das in Ihrem Körper widerspiegelt. Wenn Sie diese Blockaden beseitigen, die Ihrem kreativen Selbstausdruck im Wege stehen, wird sich diese Veränderung auch in Ihrem Körper zeigen.

Bei uns Erwachsenen ist unser innerer Kritiker das größte Hindernis für unsere Kreativität, jener Teil von uns, der alles, was wir tun, innerlich kritisiert. Wir haben von unserer Umwelt bestimmte Wertmaßstäbe verinnerlicht, nach denen wir beurteilen, wie Dinge getan werden *sollten*. Wir haben einen Kritiker in uns, der uns kritisiert, wenn wir etwas anders machen, als es gemäß unseren Wertvorstellungen getan werden müßte. Bei den meisten von uns ist es dieser innere Kritiker, der uns davon abhält, jene Risiken einzugehen, die man eingehen muß, wenn man kreativ sein will.

Kreativität braucht Experimentierfreude. Das grundlegende Prinzip der Kreativität besteht darin, daß man etwas tut, etwas ausdrückt, etwas *ausprobiert*. Dabei muß man bereit sein, auch Dinge auszudrücken, die nicht besonders großartig und perfekt sind, oder nicht den eigenen Erwartungen entsprechen. Man muß der Kreativität freien Lauf lassen. Kreative Menschen sind bereit, Fehler zu machen. Fast alle erfolgreichen Menschen sagen von sich, daß sie in ihrem Leben mehr Fehlschläge als Erfolge erlebten. Sie haben vieles ausprobiert, und dabei mitunter Schiffbruch erlitten. Das war manchmal sehr enttäuschend, aber sie gingen auch weiterhin Risiken ein und versuchten es immer wieder.

Unser innerer Kritiker hindert uns daran, erfolgreich zu sein. Er sagt: »Du bist nicht sehr schlau«, »Du bist nicht sehr talentiert«. »Du bist nicht so gut wie der-und-der.« »Du bist nicht so gut, wie du es sein solltest.« »Schau nur, was du da wieder gemacht hast. Das ist gar nicht gut.« »Das ist lächerlich.« »Das ist ungenügend.« Jeder von uns hat zu einem gewissen Grad mit dieser Selbstkritik zu kämpfen. Jenen von uns, die in ihrem Leben die Kreativität frei fließen lassen, ist es irgendwie gelungen, den inneren Kritiker beiseite zu schieben, so daß die Energie spontan durchkommen konnte.

Es ist nicht leicht, mit dem inneren Kritiker umzugehen; es gibt da keine einfachen Rezepte. Der erste Schritt besteht darin, den inneren Kritiker bewußt wahrzunehmen, auf das zu achten, was er Ihnen zu sagen hat, und herauszufinden, wo diese Stimme herkommt. Bei den meisten von uns stammt sie aus der frühen Kindheit. Damals wurden wir von unseren Eltern, Verwandten, Lehrern oder anderen Personen in unserer Umgebung kritisiert, die sagten: »Das machst du nicht gut genug.« Oder: »Das hast du nicht richtig gemacht.« Oder: »Du bist ein böser Junge oder ein böses Mädchen.« Und diese Kritik haben wir verinnerlicht. Wenn Sie sich Ihres inneren Kritikers bewußt werden, ihn zur Kenntnis nehmen, und darauf achten, wo er herkommt, kann Sie das davon befreien, ihm automatisch alles zu glauben.

Wenn man einfach versucht, den Kritiker zum Schweigen zu bringen, hilft das meistens nicht weiter. Dieser Kritiker ist eine starke innere Stimme. Der Schlüssel liegt darin, ihn bewußt wahrzunehmen und dabei zu denken: »Na, muß ich das wirklich glauben?« »Ist das wirklich wahr?« »Muß ich dadurch mein Leben bestimmen lassen?« »Soll mich das davon abhalten, mein Vorhaben zu verwirklichen?«

Indem Sie diese Fragen stellen, gelangen Sie irgendwann an einen Punkt, wo Sie dem Kritiker zuhören, zur Kenntnis nehmen, was er Ihnen zu sagen hat, und dann trotzdem tun, was Sie gern tun möchten. Sie können sich sagen: »In Ordnung, Kritiker, danke, daß du mir deine Meinung mitgeteilt hast. Doch jetzt werde ich diese Sache trotzdem tun. Und auch wenn das nicht perfekt ist, tue ich es trotzdem, weil es mir Spaß macht, oder weil ich etwas Neues ausprobieren und einmal wie ein Kind sein möchte. Ich bin bereit zu spielen, etwas zu riskieren, zu experimentieren und dabei zu lernen. Wenn mir die Sache nicht perfekt gelingt, macht das nichts; ich werde es wieder versuchen, und es beim nächsten Mal besser machen. Oder ich vergesse das Ganze und mache statt dessen was anderes. Das macht mir wirklich gar nichts aus.«

Mit Kreativität muß man spielerisch umgehen, sie muß Freude machen. Dazu braucht man Abenteuergeist. Lernen Sie, die Dinge etwas leichter und nicht ganz so ernst zu nehmen. Wenn wir uns selbst zu ernst nehmen, fehlt es uns an der Abenteuerlust, die es uns ermöglicht, Neues zu erkunden.

Ein guter Weg, mit dem Kritiker klarzukommen und freier im Umgang mit der eigenen Kreativität zu werden, besteht darin, sich selbst besser kennenzulernen. Wenn Sie Tagebuch führen oder damit beginnen möchten, schreiben Sie auf, was Ihre kreative Stimme Ihnen sagt, und dann alle Blockaden und Hemmungen, die Sie daran hindern, dieser Stimme zu folgen. Oder schreiben Sie auf, was Ihr innerer Kritiker Ihnen sagt. Schreiben Sie alles auf, damit Sie schwarz auf weiß sehen können, welche Vorstellungen Sie daran hindern, kreativ zu sein.

Hier ist ein Vorschlag, um den Fluß Ihrer Kreativität anzuregen. Zugleich erkennen Sie dabei, wie Sie sich selbst blockieren, und werden in die Lage versetzt, einige dieser Blockaden zu beseitigen. Denken Sie an etwas, das Sie für kreativ halten und das Sie immer schon tun wollten, etwas, das Sie noch nie ausprobiert und sich bislang einfach nicht zugetraut haben. Wenn Sie sich nicht für einen Maler halten, könnten Sie zum Beispiel darüber nachdenken, ein Bild zu zeichnen.

Besorgen Sie sich die erforderlichen Materialien: Papier, Bleistifte oder was Sie sonst zum Zeichnen verwenden möchten. Achten Sie auf jene Gefühle, die Sie davon abhalten wollen, die Ihnen sagen, daß Sie nicht zeichnen können, oder es nicht gut genug können. Nehmen Sie dann ein Blatt Papier und einen Stift, und schreiben Sie alle selbstkritischen oder zweifelnden Gefühle oder Stimmen auf, die sich in Ihnen regen. Zum Beispiel: »Damit verschwende ich ja nur dieses Papier, denn ich bin ein absolut miserabler Zeichner.« Oder: »Ich weiß einfach nicht, wie das geht.« Oder: »Dieses Bild wird bestimmt furchtbar blöd aussehen.« Schreiben Sie alles auf, was Ihnen durch den Kopf geht.

Erlauben Sie dann Ihrer kreativen Stimme, zu Wort zu kommen, und notieren Sie alles, was sie Ihnen zu sagen hat. Zum Beispiel: »Es ist ganz egal, ob ich ein guter Zeichner bin, ich mache es einfach, weil es Spaß macht.« Oder: »Ich werde jetzt einfach diese Farben hier auf das Papier malen, um mal festzustellen, wie das aussieht.« Oder: »Ich werde einfach mal ein bißchen experimentieren.« Führen

Sie diesen Dialog eine Weile, bis Sie das Gefühl haben, daß in Ihnen jetzt genug Freiraum ist, um tatsächlich zu zeichnen. Und dann tun Sie es, zeichnen Sie!

Setzen Sie diesen inneren Dialog solange fort, bis in Ihnen genug Freiraum ist, um das, was Sie gerade tun, zu genießen. Wie das Ergebnis ist, spielt keine Rolle. Ihre kreative Energie soll für Sie ein Quell der Freude sein. Sie sollen erfahren, wie es ist, ein Kanal zu sein, und diese kreative Kraft frei fließen zu lassen. Das ist eine sehr angenehme Erfahrung. Wenn Sie diese Haltung bei allem, was Sie tun, bewahren, wird das Gefühl, alles perfekt machen oder immer exakte Resultate erhalten zu müssen, allmählich nachlassen − und Sie werden die gleiche Lebensfreude entwickeln, die Kinder empfinden, wenn sie spontan ihrer Energie folgen und tun, wonach ihnen gerade ist.

Viele Leute sind in manchen Bereichen ihres Lebens kreativ, in anderen dagegen nicht. Wenn Sie einen Bereich haben, in dem Sie kreativ sind, ist das von Vorteil, weil Sie dann bereits wissen, wie es ist, diesem kreativen Kanal freien Lauf zu lassen. Denken Sie über diese Tätigkeit nach. Wenn Sie Musik machen, oder im geschäftlichen Bereich kreativ sind, was ist es, das Sie in die Lage versetzt, kreativ zu sein? Wie gelingt es Ihnen, den inneren Kritiker zur Seite zu schieben? Wie schaffen Sie es, sich zu vertrauen und sich auszudrücken? Überlegen Sie, wie Sie die Methode, die Sie in Ihrem kreativen Bereich anwenden, auch in anderen Lebensbereichen nutzen können. Wie können Sie sie durch etwas Neues ergänzen, so daß Ihre Kreativität in neue Richtungen fließen kann?

Wenn Sie mit Ihrer Kreativität in Kontakt kommen wollen, sind Ihre Phantasien, Träume und Visionen dabei besonders wichtig. Manche Leute kommen zu meinen Seminaren und sagen: »Oh, ich habe doch gar keine Phantasien oder Visionen.« Doch wenn ich genau nachfrage, stellt sich immer heraus, daß *jeder* Phantasien, Träume und Visionen hat. Manche Leute meinen nur deshalb, sie hätten keine, weil sie sie für unwichtig halten. Sie denken: »Oh, also, das bedeutet doch überhaupt nichts.« Oder: »Das ist so albern, daß es unsinnig ist, darüber nachzudenken.« Oder die Phantasien sind unbewußt, und den Leuten ist gar nicht klar, daß sie welche haben.

Wir alle haben Wunschvorstellungen von dem, was wir gern tun möchten, von dem, was wir tun würden, wenn es doch nur möglich wäre. Geben Sie also Ihrer Phantasie die Chance, frei zu fließen. Genießen Sie es! Wenn Sie alles Geld der Welt hätten, was würden Sie damit anstellen? Wenn Sie alles tun könnten, was Sie sich wünschen, was wäre das? Fragen Sie sich auch: Welche Dinge tue ich wirklich gern? Was fällt mir leicht? Was macht mir Spaß? Was geht mir so leicht von der Hand, daß ich kaum darüber nachdenke? Wie könnte ich diese Fähigkeit erweitern? Wie könnte ich möglicherweise meinen Lebensunterhalt damit verdienen, das zu tun, was mir die größte Freude bereitet? Versuchen Sie, sich nicht selbst zu begrenzen. Seien Sie offen für alle Möglichkeiten, von denen Sie bisher vielleicht nicht einmal zu träumen wagten.

Natürlich werden sich einige Ihrer Phantasien als nicht realisierbar erweisen. Doch ich habe festgestellt, daß die meisten in unserem Leben immer wiederkehrenden Wunschvorstellungen und Träume eine Menge Wahrheit enthalten. Sie enthüllen uns etwas sehr Wichtiges über unser kreatives Selbst: Was unsere Bestimmung im Leben ist, warum wir hier sind, was wir ausdrücken möchten. Geben Sie sich die Chance, diese Wunschvorstellungen zu erforschen und auszudrücken, indem Sie über sie nachdenken oder mit einem Freund darüber sprechen, durch Schreiben, Zeichnen, Visualisieren. Und fragen Sie sich dann: »Welche kleinen, einfachen Schritte kann ich unternehmen, um mich der Erfüllung dieser Wünsche zu nähern?« Wenn Sie auch vielleicht keine Möglichkeit sehen, Ihre Wunschvorstellungen zu verwirklichen, sollten Sie sich doch fragen, ob es nicht einen einfachen Schritt gibt, den Sie in ihre Richtung tun können. Und dann fangen Sie einfach an; gehen Sie das Risiko ein und probieren Sie es. Schauen Sie, was geschieht. Wenn es nicht klappt, macht das gar nichts. Dann versuchen Sie eben etwas anderes. So besteht die Chance, daß Sie sich in Ihrem Leben einen ganz neuen kreativen Bereich erschließen.

Wenn Sie damit anfangen, Ihre Kreativität auf neue Weise auszudrücken, sollten Sie sich nicht zu hohe Ziele stecken, um dann entmutigt aufzugeben. Fangen Sie mit kleinen Dingen an. Tun Sie einen Schritt, der Spaß macht und relativ einfach und mühelos ist, und zollen Sie sich dafür Anerkennung. Wenn Sie Schritt für Schritt vorgehen, werden Sie schließlich dort sein, wo Sie sein müssen. Zum Beispiel könnten Sie sich nach der Lektüre dieses Abschnittes etwas ausdenken, das Sie heute oder morgen tun können, um Ihre Kreativität in einer für Sie völlig ungewöhnlichen Weise auszudrücken. Beispielsweise könnten Sie Ihr Zimmer auf eine Art umräumen, die Ihre Umgebung etwas kreativer werden läßt. Oder Sie könnten in Ihrem Kleiderschrank stöbern und sich heute mal auf eine neue und andere Art anziehen. Oder nehmen Sie ein paar andere kleine Veränderungen in Ihrem Leben vor.

Halten Sie auch weiterhin nach Möglichkeiten Ausschau, in Ihren Alltag neue, kreative Elemente einfließen zu lassen. Haben Sie Spaß dabei. Wenn Sie immer schon ein Musikinstrument spielen, Tanzen oder Segeln lernen wollten, belegen Sie einen entsprechenden Kurs. Auch wenn Sie glauben, daß es Ihnen dafür an Talent und Können mangelt, versuchen Sie es trotzdem und finden Sie heraus, was passiert.

Um es auf den Punkt zu bringen: Sie können alles so machen, wie Sie es immer schon gemacht haben. Das ist sicher und ungefährlich, aber auch ein bißchen dumpf und langweilig. Oder Sie probieren etwas Neues und anderes. Vielleicht lernen Sie dabei etwas und haben Ihren Spaß. Also, warum versuchen Sie es nicht einfach mal?

Meditation:
Verbindung mit der eigenen Kreativität aufnehmen

Hier ist eine Meditation, die Ihnen helfen wird, eine Verbindung zu Ihrer Kreativität herzustellen. In dieser Meditation sollten Sie Ihrer Imagination freien Lauf lassen und ganz den Erfahrungen vertrauen, die sich einstellen. Genießen Sie es.

Setzen oder legen Sie sich bequem hin. Schließen Sie die Augen.

Entspannen Sie sich. ... Atmen Sie tief durch, und entspannen Sie beim Ausatmen Ihren Körper. ... Atmen Sie erneut tief durch, und entspannen Sie beim Ausatmen Ihren Körper noch tiefer. ... Atmen Sie wieder tief durch, und entspannen Sie beim Ausatmen Ihren Körper vollständig. ... Spüren Sie, wie die Energie ungehindert durch Ihren Körper strömt, während Sie atmen. ...

Stellen Sie sich beim Einatmen vor, daß Sie die Lebenskraft des Universums einatmen. Stellen Sie sich vor, daß sie in jede Zelle Ihres Körpers strömt. ... Lösen Sie sich mit dem Ausatmen von all den alten Beschränkungen, Ängsten und Zweifeln, die Sie nicht länger benötigen. Mit jedem Ausatmen lösen Sie sich von dem Alten und schaffen Platz für das Neue. ... Und mit dem Einatmen füllen Sie sich mit frischer, kreativer Energie. ...

Atmen Sie wieder tief durch, und entspannen Sie beim Ausatmen Ihren Geist. ... Stellen Sie sich vor, daß alle Ihre alten, einengenden Vorstellungen über sich selbst davonschweben. Stellen Sie sich vor, daß sich alle Ihre alten Konditionierungen und Programme, die Ihnen sagen, wer Sie sind oder nicht sind, was Sie tun können oder nicht tun können, auflösen und davonschweben. Sie sind ein unbegrenztes Wesen, und Sie sind jetzt offen für neue Ideen, neue Gefühle und neue Inspirationen. ...

Atmen Sie wieder tief durch, und lassen Sie beim Ausatmen Ihre Aufmerksamkeit zu einem Ort tief in Ihnen wandern. ... Stellen Sie sich vor, daß Sie mit jedem Atemzug tiefer und tiefer nach innen gehen, bis Sie einen ruhigen Ort in Ihrem Inneren erreichen. ...

Stellen Sie sich jetzt vor, daß Sie einen schönen Pfad hinabgehen, der zu Ihrem inneren Heiligtum führt. … Während
Sie den Pfad zum Heiligtum hinabgehen, fühlen Sie sich
sehr offen und lebendig, fast wie ein neuer Mensch, bereit,
neue Erfahrungen zu machen und neue Abenteuer zu erleben, bereit, etwas Neues über sich selbst herauszufinden. …

Betreten Sie Ihr Heiligtum, und lassen Sie es einen Moment auf sich einwirken. … Achten Sie darauf, was sich in
Ihrem Heiligtum befindet, wie es aussieht, wie es sich anfühlt. Es kann sein, daß es dort heute anders als sonst ist,
oder aber es ist alles wie immer. … Spüren Sie den Frieden,
die nährende Kraft und die Geborgenheit Ihres Heiligtums. … Finden Sie eine Stelle, an der Sie sich hinsetzen
und es sich bequem machen können. …

Heute werden wir Ihr kreatives Wesen, den kreativsten
Teil Ihres Selbst, in das Heiligtum einladen. Schauen Sie
zum Eingang des Heiligtums und fühlen oder visualisieren
Sie, wie Ihr kreatives Wesen den Pfad hinunter kommt. …
Dieser Teil von Ihnen ist sehr kreativ. Es kann sein, daß Sie
früher schon Kontakt mit ihm hatten, vielleicht sehen oder
erleben Sie ihn heute aber auch zum ersten Mal. Vertrauen
Sie einfach dem, was sich nun in Ihrer Imagination er-
eignet. …

Sehen oder fühlen Sie, wenn dieses kreative Wesen Ihr Heiligtum betritt, wer es ist, wie es aussieht. … Es kann ein Mann oder eine Frau sein, ein Tier, eine Farbe, eine Lichtgestalt, oder was immer Ihnen sonst in den Sinn kommt. … Achten Sie auf alle Einzelheiten Ihres kreativen Wesens. Seien Sie ganz offen für die Erscheinungsform, in der es Ihnen gegenübertritt. …

Jetzt kommt das kreative Wesen zu Ihnen und nimmt Kontakt mit Ihnen auf. … Seien Sie offen für die Energie dieses kreativen Wesens. … Fragen Sie das Wesen, welche Botschaft es für Sie hat, oder was es Ihnen sagen oder auf andere Weise mitteilen möchte. … Fragen Sie Ihr kreatives Wesen, was es am liebsten tun möchte, wie es sich in Ihrem Leben ausdrücken möchte. … Fragen Sie das Wesen auch, wie es sich jetzt bereits in Ihrem Leben ausdrückt. … Fragen Sie, ob es etwas gibt, das es jetzt in diesem Augenblick gern mit Ihnen zusammen tun möchte. Gestalten Sie Ihre Begegnung so, wie es sich gut und richtig anfühlt. …

Ihr kreatives Wesen möchte Ihnen etwas zeigen. Begeben Sie sich mit ihm auf eine kleine Reise durch Ihr Heiligtum, und lassen Sie sich zu einer Stelle führen, die Sie noch nie zuvor gesehen haben. … An diesem neuen Ort gibt es einen schönen Teich mit klarem, warmem Wasser. Ihr kreatives Wesen enthüllt Ihnen, daß das Wasser dieses Teiches Ihre eigene kreative Energie ist. Ziehen Sie Ihre Kleider aus, steigen Sie langsam in den Teich, und lassen Sie sich im warmen Wasser treiben. …

Schauen Sie, während Sie in dem Teich treiben, nach oben, wo es jetzt dunkel wird und der Nachthimmel voller funkelnder Sterne erscheint. ... Sie sehen, daß ein Stern besonders hell ist, und wissen, daß das Ihr ganz spezieller Stern ist. ... Der Stern hat Ihnen etwas mitzuteilen über den Sinn Ihres Lebens zum gegenwärtigen Zeitpunkt. Lauschen Sie dem, was der Stern Ihnen zu sagen hat. ...

Wenn Sie sich bereit fühlen, den Teich zu verlassen, steigen Sie aus dem Wasser. ... Sie werden feststellen, daß Ihre Kleider verschwunden sind und Ihr kreatives Wesen Ihnen neue Kleider gebracht hat, die etwas ganz Besonderes und Magisches sind. Ihr kreatives Wesen zieht Ihnen diese Kleider an. ... Diese neuen Kleider fühlen sich wunderbar an, Ihr wahres Wesen scheint sich in ihnen auszudrücken. Bewegen Sie sich frei und achten Sie darauf, wie Ihr Körper sich in dieser Kleidung anfühlt. ... Wenn Sie möchten, können Sie mit Ihrem kreativen Wesen tanzen, ein Tanz, in dem Sie Ihren wahren Gefühlen Ausdruck verleihen. ...

Kehren Sie danach gemeinsam mit Ihrem kreativen Wesen an die vertraute Stelle Ihres Heiligtums zurück. ... Fragen Sie, ob Ihr kreatives Wesen möchte, daß Sie jetzt im Moment in Ihrem Leben bestimmte Schritte tun. ... Fragen Sie dann, ob es noch etwas gibt, das Ihr kreatives Wesen gegenwärtig durch Sie ausdrücken möchte. ...

Wenn Sie noch in Ihrem Heiligtum bleiben und mit Ihrem kreativen Wesen zusammensein möchten, tun Sie das, so lange Sie möchten. ... Wenn Sie zum Aufbruch bereit sind, können Sie und Ihr kreatives Wesen gemeinsam das Heiligtum verlassen und den Pfad hinaufgehen. ... Spüren Sie, während Sie den Pfad hinaufgehen, daß Ihr kreatives Wesen bei Ihnen ist, als ein Teil von Ihnen, den Sie herbeirufen können, wann immer Sie wünschen. ...

Werden Sie sich Ihres Körpers und des Zimmers, in dem Sie sich aufhalten, bewußt. ... Wenn Sie sich dazu bereit fühlen, öffnen Sie die Augen und kommen Sie ins Zimmer zurück.

Wenn Sie möchten, können Sie Farbe, Buntstifte oder Malkreide holen und ein Bild Ihres kreativen Wesens und/oder Ihres inneren Heiligtums malen. Machen Sie sich keine Gedanken, ob das Bild perfekt ist oder nicht. Lassen Sie Ihr kreatives inneres Kind das Bild malen. Hängen Sie das Bild an die Wand oder legen Sie es in Ihr Notizbuch, damit es Ihnen hilft, sich an die Kreativität in Ihnen zu erinnern und sie auszudrücken.